CÓMO LEER MÚSICA

Harry y Michael Baxter

CÓMO LEER MÚSICA

Traducción de Hugo Mariani

Revisión técnica de Josep Jofré (profesor de música),
Ramón Andrés (musicólogo) y Francisco Murcia
(editor de temas musicales)

Título original: *The right way to read music*

Diseño de cubierta: Regina Richling.

Ilustración de cubierta: iStockphoto

Diseño interior: Cifra, s.l.

ISBN: 978-84-946961-0-7

Depósito legal: B-15.116-2017

Impreso por Sagrafic, Plaza Urquinaona, 14 7º 3ª, 08010 Barcelona

Impreso en España - *Printed in Spain*

dedicatoria

Los autores de este libro desean agradecer el trabajo que ha realizado la señorita Malenie Rae, cuya experiencia en el mundo editorial y antes como directora de música en su escuela, creemos, nos ha ayudado a hacer un libro apropiado para los estudiantes, el maestro y el uso en las escuelas.

nota de los autores

El propósito de este libro es proporcionar una comprensión de la teoría de la música a los estudiantes y los melómanos. Con esta intención, y para ayudarlos a apreciar sus progresos, hay un grupo de preguntas al final de cada capítulo. Con ellas podrá comprobar cuánto ha comprendido de su material. Éstas deberán responderse en un cuaderno de papel pautado; partes de las preguntas se pueden copiar si es necesario.

I

registro

La música se ocupa de los sonidos... de ciertos sonidos. Algunos son muy pesados y graves, otros ligeros y agudos. Todos los sonidos están provocados por algo que vibra, o sea, por un pequeño movimiento de vaivén. Algunas veces el movimiento es tan rápido que no podemos oírlo: un sonido muy agudo como, por ejemplo, un silbato para perros. Si oímos una nota muy grave en un órgano, algunas veces, podemos de hecho sentir que el suelo se mueve. La distancia entre dos notas de sonido extremo, que comprende la parte más aguda y la más grave, se conoce como registro.

Si miramos las notas de un piano veremos que hay más de ochenta. No inventamos un nombre para cada una de las notas, sino que usamos siete, y los seguimos repitiendo desde do hasta si. Do, re, mi, fa, sol, la, si; do, re, mi, fa, sol, la, si; do, re, mi, fa, sol, la, si; etc.

Para mostrar estos sonidos en papel usamos un grupo de cinco líneas con cuatro espacios entremedio. Es el pentagrama.

Cada línea y cada espacio señalan la ubicación de una nota. El nombre de la nota está determinado por el tipo de clave que aparece al comienzo del pentagrama.

Clave de sol

La clave de sol se usa para las notas agudas. Se llama así porque forma un rizo alrededor de la línea que representa la nota sol.

Ahora podemos determinar los nombres de todos los otros espacios y líneas.

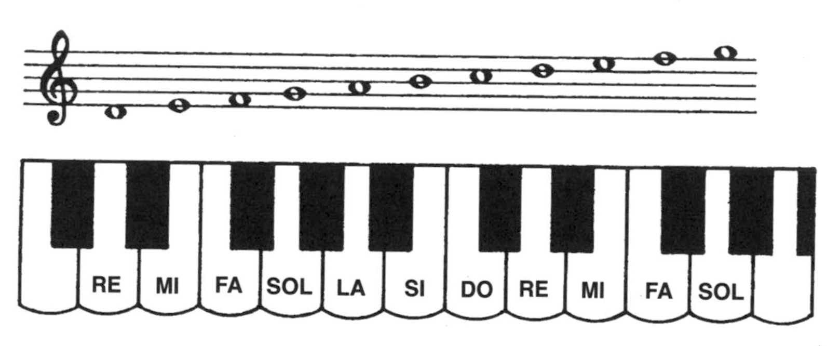

Clave de fa

Para escribir notas con sonidos graves usamos la clave de fa. Se llama así porque forma una vuelta alrededor de esta línea en el pentagrama y los puntos van a ambos lados de dicha línea (la de la derecha es poco frecuente).

o

Las notas en estas líneas y espacios son como sigue:

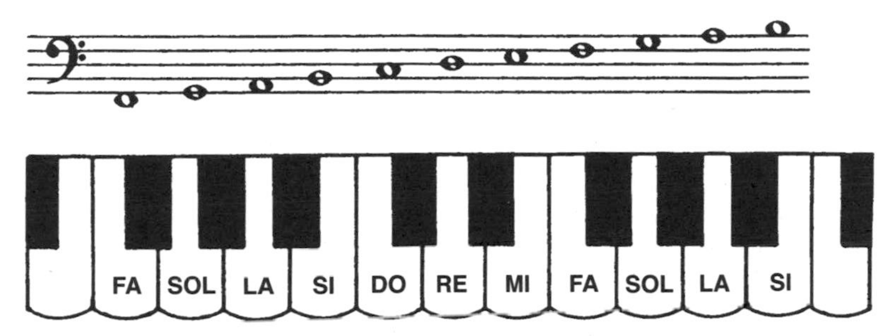

Algunas notas deben escribirse por encima o por debajo del pentagrama y tienen que usarse líneas cortas, llamadas líneas adicionales, para ampliar la extensión del pentagrama.

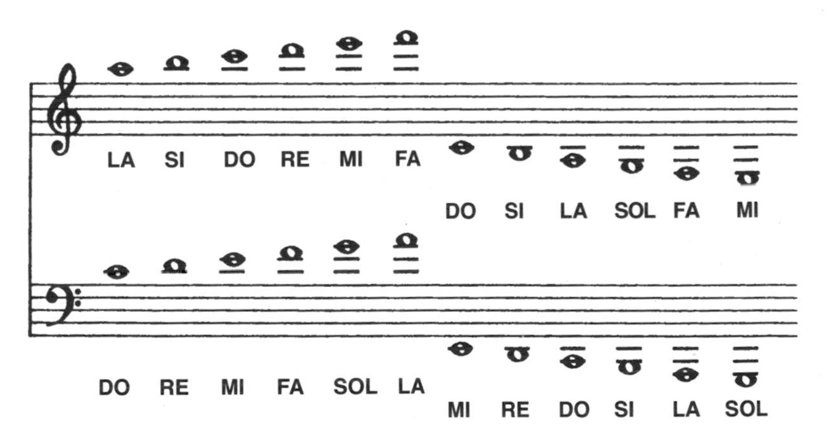

Para evitar que haya demasiadas líneas adicionales, se escribe el signo 8 u 8.ª arriba o abajo de la música seguido por una línea discontinua o continua. El signo deja de funcionar cuando aparece un ángulo recto ________ o ________ al final. El signo representa *ottava,* la palabra italiana para octava.

A partir de los ejemplos anteriores puede ver que cada nota tiene una plica (el rabo). La plica de una nota en la línea media del pentagrama puede escribirse hacia arriba o hacia abajo:

Las plicas de las notas que están por encima de la línea media por lo general van hacia abajo, mientras que las que están debajo de la línea media tienden a ir hacia arriba y la nota que está en la línea media, puede llevar la plica hacia arriba o hacia abajo indistintamente.

La música de piano utiliza dos pentagramas unidos con una clave. La música en el pentagrama superior se toca con la mano derecha y utiliza notas en la clave de sol, mientras que el pentagrama inferior se toca con la mano izquierda y utiliza notas en clave de fa. Los dos pentagramas se hallan unidos por el do natural.

Otras claves

Hay otras claves importantes. La primera, llamada clave de do en cuarta, se encuentra con frecuencia en la música de violonchelo, fagot y trombón tenor y permite explotar el registro completo de estos instrumentos sin usar demasiadas líneas adicionales. También es conocida como clave de tenor.

La segunda es la clave de do en tercera línea y la usa la viola.También es conocida como clave de contralto.

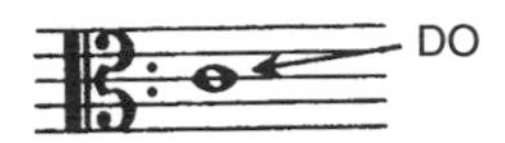

En ambos casos, la línea que pasa por los dos brazos es un do.Es por esto por lo que ambas claves son llamadas «claves de do».

Preguntas

1. (a) ¿Qué diferentes nombres usamos para señalar las notas?
   (b) ¿Cuáles son los nombres de las notas?
   (c) ¿Qué hacemos cuando llegamos a si?
2. (a) ¿Cuántas líneas usamos para escribir notas?
   (b) ¿Cuántos espacios usamos?
   (c) ¿Cómo se llama un grupo de 5 líneas y 4 espacios?
3. ¿Cómo denominamos al signo que determina los nombres de las notas?
4. ¿Cómo denominamos al signo que nos nombra las notas agudas?
5. Dibuje el signo identificado en la pregunta 4, al comienzo de un grupo de cinco líneas y escriba los nombres dados a las notas en cada línea y espacio.
6. (a) ¿Cuál es el nombre de la nota debajo, inmediatamente inferior, de re?
   (b) ¿Cuál es el nombre de la nota inmediatamente superior a fa?
   (c) ¿Entre qué notas del teclado del piano se encuentra siempre el do?
   (d) ¿Entre qué notas del teclado del piano se encuentra siempre el fa?
7. ¿Cómo llamamos a la clave que usamos cuando escribimos sonidos graves?
8. Escriba, en un pentagrama, la clave que utilizamos para los sonidos graves. Luego escriba las notas mi y do en una posición adecuada y la en dos posiciones.
9. (a) ¿Por qué llamamos a las claves de do con este nombre?
   (b) Tras elegir la clave correcta, escriba:
   (i) el do por encima del pentagrama usando líneas adicionales;
   (ii) el fa por debajo del pentagrama, usando líneas adicionales.

10. (a) ¿Qué es una línea adicional?
    (b) ¿Cuándo usamos una línea adicional?
    (c) Si se necesita un montón de notas que requieren líneas adicionales, ¿qué alternativa existe a las líneas adicionales?
11. (a) En un pentagrama dibuje:
        (i) la clave de do en tercera y la nota do.
        (ii) la clave de do en cuarta y la nota do.
    (b) ¿Qué instrumentos usan estas claves?
    (c) ¿Con qué otro nombre se hace a veces referencia a estas claves?

II

ritmo
y compás

Hemos aprendido que los sonidos pueden ser agudos o graves. A raíz de escuchar música sabemos que puede ser intenso o suave. También sabemos que algunos sonidos son largos y otros cortos. En música, cuando hablamos de la longitud del sonido, por lo general queremos decir cuál es la duración o el valor de las notas. La música está hecha de ritmos, y los ritmos están hechos de notas de diferentes longitudes.

Si escuchamos una cascada oímos un sonido continuo sin ritmo regular alguno. Si escuchamos un grifo que gotea oímos el ritmo regular del goteo del agua. O, si escuchamos el sonido de las ruedas durante un viaje en tren, descubriremos que cuando marcha a una velocidad regular hay una vibración definida, la uniformidad de la cual es muy capaz de hacernos dormir.

Podemos inventar toda clase de cálculos para cuadrar el tiempo del agua que gotea del grifo, un techo o el alféizar de una ventana. No podemos hacer ritmo alguno a partir del sonido de una cascada ni de algunos sonidos que son continuos. Los ruidos de las ruedas de un tren en movimiento son continuos pero no regulares: una vibración, un golpe. Algunas veces parecen estar diciéndonos cosas. Oímos la-la-la-la; la-la-la-la. Podrían estar diciéndonos «estamos acercándonos a casa; estamos acercándonos a casa». Algunas veces parecen decir la-di-da, la-di-da, o «¡vuelta al cole, vuelta al cole!».

Valores de las notas

En música podemos reconocer las longitudes de las diferentes notas a través de sus formas, o sabiendo si tienen plicas o plicas y vírgula, o si son sólo círculos o están llenas y son negras. Cada nota (que muestra un sonido) tiene su signo equivalente, llamado pausa (que muestra un silencio) para corresponder en valor.

Aquí está la lista de las notas que usamos en música. Comenzamos con un círculo, añadimos líneas llamadas plicas, llenamos la cabeza de la nota y añadimos más líneas llamadas vírgulas. Por supuesto, deberemos usar sólo unas cuantas de estas líneas e ir avanzando en el uso de las otras poco a poco. Tenga cuidado en aprender las pausas además de las notas. La nota de ritmo simple o pausa más común que usamos se llama negra. La tabla siguiente muestra el valor de cada nota y pausa como un múltiplo o una fracción de una negra.

Nota (sonido)	Nombre	En relación a negra=1	Pausa (Silencio)
𝅜	Cuadrada	8	𝄺
𝅝	Redonda	4	𝄻 (obsérvese que cuelga desde la segunda línea)

Nota	Nombre	Valor	Pausa
	Blanca	2	(se sitúa sobre la línea media)
	Negra	1	o (el segundo se usa en la música impresa)
o	Corchea	½	
o	Semicorchea	¼	
o	Fusa	⅛	
o	Semifusa	1/16	

Cuando escribimos estas notas debemos recordar que la plica se escribe hacia arriba si la nota está debajo de la línea media, y hacia abajo si la nota está arriba de la línea media. Si la nota está en la línea media, la plica puede escribirse hacia arriba o hacia abajo.

La vírgula de una nota para un ritmo de corchea, u otro menor, siempre se escribe a la derecha de la plica.

Cuando usamos corcheas, casi siempre las unimos en grupos de dos. Esto es porque una gran cantidad de música tiene ritmo de corcheas: hay dos corcheas en cada tiempo de negra, y siempre agrupamos las notas en tiempos. Las corcheas se unen en el extremo de las plicas. Una corchea simple es ♪ o 𝅘𝅥𝅮, pero un par de corcheas (al hacer una negra) es ♫ o ♫. De manera similar, las semicorcheas (que tienen dos vírgulas) se unen mediante dos líneas, y así sucesivamente.

Indicaciones de compás

Algunos relojes, ya sean de pared o de pulsera, producen un sonido regular, sesenta tics cada minuto. Ésta es una manera muy buena para comprender lo que estas notas están destinadas a significar. Contar los tictacs sugiere ritmos en dos. Un intenso uno y un suave dos y tres forma un compás en tres. Usar grupos de cuatro tics sugiere un compás de cuatro. El ritmo uniforme del reloj permite toda clase de variaciones.

Cuando los soldados marchan, «izquierda, derecha» les permite llevar el paso. Gritar «uno, dos» tendría el mismo efecto. Éste es un buen ejemplo de un compás uniforme.

Usted verá que la nota más larga que usamos es una cuadrada. Tiene dos veces la longitud de una redonda. Si pensamos en la duración de una cuadrada o, su equivalencia, ocho tiempos, una redonda equivaldrá a cuatro tiempos. Una blanca equivaldrá sólo a dos tiempos, y una negra sólo a un tiempo.

Las barras dibujadas verticalmente, desde la primera hasta la quinta línea del pentagrama, dividen la música en compases. Éstos dividen la música en partes iguales, cada tipo de compás tiene el mismo número de tiempos que todos los demás.

Antes decíamos que el valor de un tiempo es una negra; esto es una simplificación, ya que en la mayor parte de la música es así. En realidad, el valor de un tiempo puede ser distinto según el compás. Para que quede bien claro cuántos tiempos quiere un compositor en cada compás, y a qué equivale cada uno, se escriben dos números, uno encima del otro, al comienzo de la música. El número superior manifiesta cuántos tiempos hay en cada compás. El número inferior nos dice a qué equivale cada tiempo. Estos números se llaman *indicaciones de compás.*

Puesto que la cuadrada se usa muy raras veces, la redonda puede considerarse la nota básica. El número inferior de la indicación de compás manifiesta qué parte de una redonda, o nota básica, es un tiempo.

Cuando el número inferior es un dos, cada tiempo es la mitad de una redonda: una blanca.

Cuando el número inferior es un cuatro, cada tiempo es un cuarto de una redonda: una negra.

Cuando el número inferior es un ocho cada tiempo es una octava de una redonda: una corchea; y así sucesivamente.

Dos tiempos en cada compás, cada uno es una negra.

Tres tiempos en cada compás, cada uno es una negra.

Cuatro tiempos en cada compás, cada uno es una negra.

Dos tiempos en cada compás, cada uno es una corchea.

Tres tiempos en cada compás, cada uno es una corchea.

Cuatro tiempos en cada compás, cada uno es una corchea.

Dos tiempos en cada compás, cada uno es una blanca.

Tres tiempos en cada compás, cada uno es una blanca.

Cuatro tiempos en cada compás, cada uno es una blanca.

Todas estas indicaciones de compás tienen dos números. Los números inferiores de todas estas indicaciones de compás han mostrado tiempos que podemos dividir por dos, cuatro u ocho. Valores de blanca = dos negras, cuatro corcheas, etc. Estas indicaciones de compás se llaman indicaciones de compás simple.

Algunas veces usamos una C mayúscula para mostrar un compás de cuatro tiempos de negra; $\frac{4}{4}$ es la indicación de compás usada con más frecuencia y se conoce como compás simple. Cuando los tiempos son blancas, algunas veces usamos **¢**, pero esto no nos dice cuántos tiempos hay en el compás.

Así **C** = $\frac{4}{4}$ y **¢** = ritmo de blanca: $\frac{2}{2}$ o $\frac{4}{2}$.

El signo **¢** se llama *alla breve* porque originalmente se usaba para mostrar que el tiempo era una *breve* (así se denominaba antiguamente la cuadrada). Hoy indica que los tiempos son blancas.

Las notas de menos valor que una negra siempre deben agruparse para mostrar el valor de un tiempo. Hacemos esto uniéndolas en el extremo de la plica.

Pausas

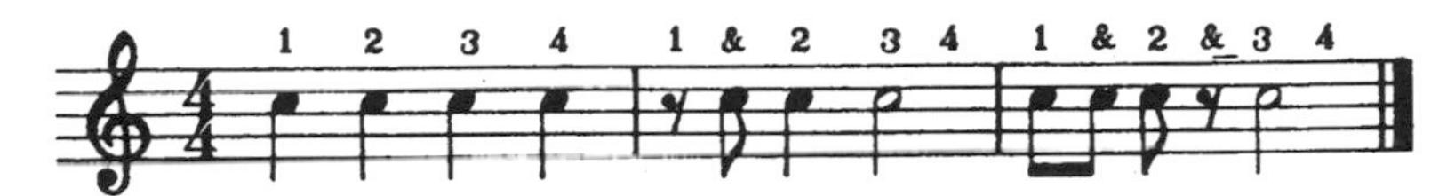

Las notas que tienen menos valor que un tiempo y que van seguidas por un silencio deben tener una pausa, o pausas, para constituir el valor de un tiempo.

En el primer compás tenemos la indicación de compás de cuatro tiempos de negra. Luego vienen cuatro tiempos simples (negras). En el segundo compás tenemos una pausa. Ésta es una pausa de corchea, de modo que necesita el valor de media nota para constituir un tiempo de negra. Esto se logra convirtiendo la primera nota de este compás en una corchea. En el último compás, las dos corcheas forman el primer tiempo de negra. Luego viene una corchea seguida de una pausa de corchea, lo que constituye el segundo tiempo. Por último, la blanca constituye los dos últimos tiempos.

Recuerde que los tiempos deben ser uniformes y constantes. Hemos marcado tiempo con un número; advertirá que, para señalar los sonidos o silencios hemos usado una «&» (y), que junto a los que están marcados por el número completan el tiempo.

También es posible usar una nota o pausa para varios tiempos donde deberíamos usar varias notas. Por ejemplo:

Si queremos silencio para los tiempos tres y cuatro en el primer compás escribiremos una pausa de blanca (dos tiempos) y no dos pausas de negra.

Si queremos una sola nota larga al comienzo, podemos escribir una blanca.

Por lo general podemos escribir una pausa (o nota) con valor de dos tiempos al comienzo de un compás, pero raramente en alguna otra parte. En un compás como los del ejemplo de abajo, una pausa de dos tiempos suele estar en los tiempos uno y dos o tres y cuatro, pero no es conveniente en los tiempos dos y tres; debe considerarse una práctica incorrecta.

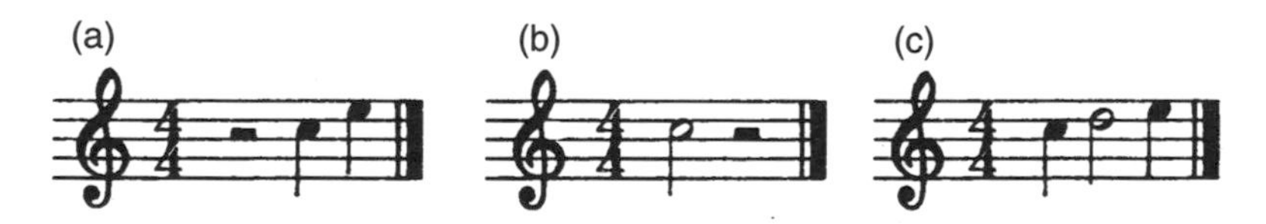

(A) y (b) son correctos; (c) es preferible que se escriba usando dos negras. La razón por la que es mejor no usar una blanca en el compás del segundo tiempo, es decir, entre el final del tiempo 1 y el principio del tiempo 3 (como en c), es que debería ser posible dividir el compás por la mitad. Es mejor usar una ligadura para unir las dos negras como un único sonido. Una ligadura es una línea curva que une las dos notas en un sonido solo que suma su valor total.

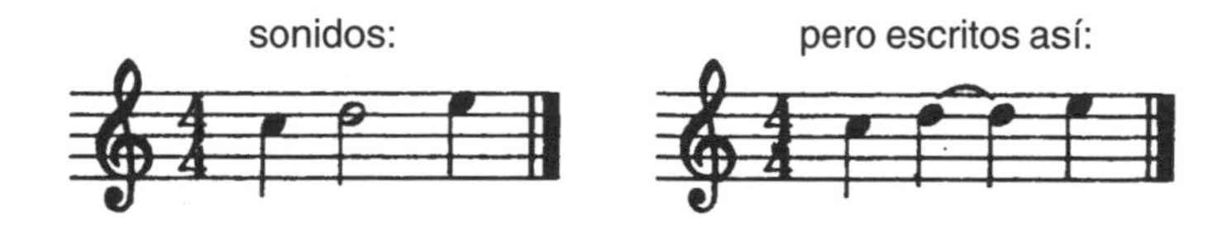

Una ligadura no puede usarse para unir pausas del mismo modo: las pausas son silencios, y el silencio sólo acaba cuando se produce un sonido y, por consiguiente, ¡es continuo hasta que se interrumpe!

Algunos tiempos están acentuados: tienen más intensidad que los normales y se llaman tiempos fuertes. Los otros tiempos del compás son llamados débiles. La mayor parte de la música tiene el primer tiempo de un compás acentuado porque, sin esta pulsación o acento, tal música no produce una sensación rítmica.

En el compás ternario (tres tiempos por compás), el primer tiempo del compás es fuerte y los otros dos débiles. En el compás binario (dos tiempos por compás) el primero es fuerte y el segundo débil. En el compás cuaternario (cuatro tiempos por compás) el primero es fuerte, el segundo débil, el tercero medio (semifuerte) y el último débil.

Usted advertirá que hay una doble barra de compás donde la indicación de compás cambia. Se puede usar una doble barra de compás en cualquier parte, para mostrar un cambio en la música o al final de la sección. Sin embargo, por lo general se usa al final de una sección o en la conclusión de la música. Una barra de compás doble en medio de la partitura se ve así:

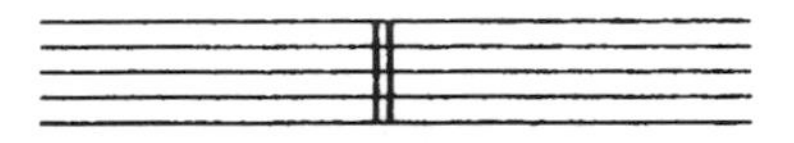

pero en la conclusión de la música la segunda línea es más gruesa, y se ve así:

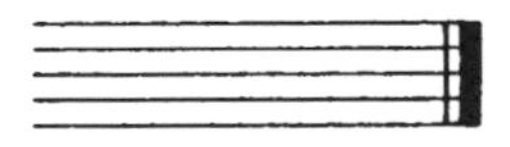

Notas con puntillo

Tanto las notas como las pausas pueden alargarse añadiéndoles, inmediatamente después, un puntillo, o un doble puntillo.

Una puntillo alarga el sonido (nota) o silencio (pausa) con la mitad del valor de la nota o pausa original. Así, una redonda con puntillo equivale a seis negras. Una blanca con puntillo equivale a tres negras. Una negra con puntillo equivale a tres corcheas, y así sucesivamente.

Si añadimos dos puntillos después de una nota, o pausa, el sonido, o silencio, se alarga tres cuartos más del valor de la nota o pausa original. En otras palabras, un segundo puntillo añade la mitad del valor del primer puntillo.

Preguntas

1. ¿Qué queremos decir con la longitud de un sonido?
2. ¿Qué significa la palabra «tiempo»?
3. (a) ¿Cómo mostramos los diferentes valores de las notas?
   (b) ¿Qué significa una pausa?
4. Escriba cada una de las siguientes notas o pausas:

   una redonda — una blanca — una corchea
   una negra — una pausa de negra

5. Si una cuadrada dura ocho tiempos:
   (i) ¿a cuántos tiempos equivaldría una negra?
   (ii) ¿a cuántos tiempos equivaldría una blanca?
   (iii) ¿a cuántos tiempos equivaldría una redonda?
6. ¿Qué es una barra de compás y cómo se usa?
7. (a) ¿Qué es una indicación de compás?
   (b) ¿Que nos dice el número superior?
   (c) ¿Que nos dice el número inferior?
   (d) Si el número inferior es un 2, ¿qué significa?
   (e) Explique qué significa lo siguiente: $\frac{3}{2}$; $\frac{4}{2}$; $\frac{3}{8}$.
   (f) ¿Qué es una indicación de compás simple?
   (g) Dé tres ejemplos de una indicación de compás simple.
8. (a) ¿Qué significa el signo de compás **C**?
   (b) ¿Qué significa **¢**?
   (c) ¿Qué nombre se daba originalmente al signo **¢** y cuándo se usaba?
9. Corrija esto:

$\frac{3}{4}$ ♩ ♪♪♩ | ♪♪♪♪♪♪ | ♩ ♩ ♩ | ♩ ♪♪♩ ‖

10. Añada debajo de los asteriscos las pausas necesarias para completar estos compases:

11. (a) ¿Qué significa la palabra «acentuado»?
    (b) ¿Dónde encontramos por lo general un tiempo acentuado?
12. ¿Dónde aparecen los tiempos fuertes y débiles en los siguientes compases?
    (i) compás cuaternario;
    (ii) compás ternario;
    (iii) compás binario.
13. Muestre qué tiempos son fuertes, medios y débiles en los compases siguientes:

14. (a) ¿Qué es una doble barra de compás?
    (b) ¿Cuándo usamos una?
15. Ésta es la melodía de *Twinkle, twinkle little star*. Vuelva a escribirla con el ritmo correcto. Sólo necesitará usar negras y blancas. La signatura de compás deberá ser $\frac{2}{4}$. Ponga las barras de compás.

16. Escriba esta melodía y debajo los números (marcando los tiempos) que contaría para acompañarla con palmas.

17. Aprenda a acompañar con palmas los siguientes ritmos, cuente en voz alta si es necesario.

18. Escriba esto correctamente.

19. Complete estos compases con las pausas correctas donde se representa un asterisco.

20. Complete estos compases con pausas correctamente agrupadas.

21. Complete estos compases con notas correctamente agrupadas.

22. Escriba estos compases correctamente:

(i)

(ii)

23. (a) ¿Qué sucede cuando añadimos un puntillo después de una nota?
(b) ¿Cuántas negras igualan en duración a una blanca con puntillo?
(c) Escriba lo siguiente usando notas con ligaduras :

24. Coloque barras de compás en lo siguiente:

(iii) 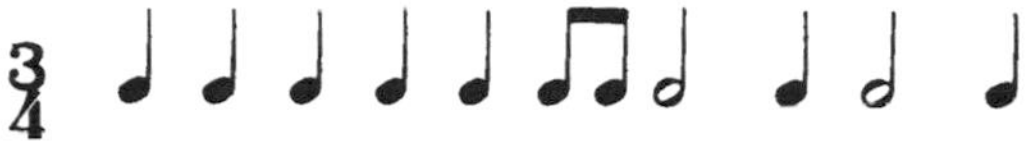 $\frac{3}{4}$

III

más acerca de la notación

Alteraciones

Las teclas del piano están dispuestas en una estructura de notas blancas y negras. Una nota negra a la derecha de una nota blanca es más alta en registro y se identifica por el nombre de la blanca más la palabra «sostenido». De manera similar, una nota negra a la izquierda de una nota blanca es más baja en registro y se identifica por el nombre de la blanca más la palabra «bemol».

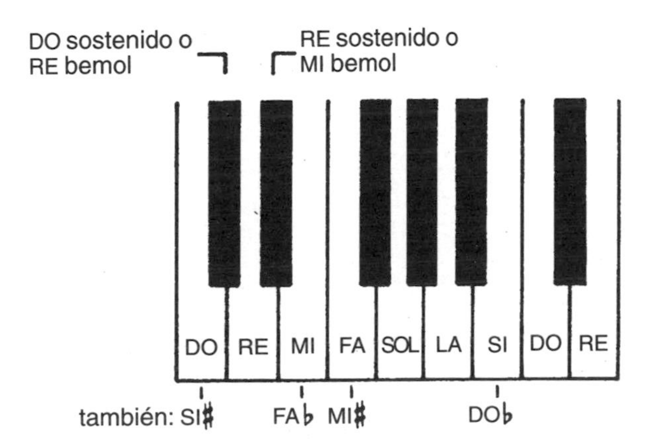

Por lo tanto, cada nota tiene dos nombres; el signo musical para un sostenido es ♯ y el signo para un bemol es ♭. Siempre aparecen delante de la nota cuando se escriben en un pentagrama (véase página anterior), pero luego invertimos el orden gráfico y decimos, por ejemplo, *do sostenido* o *la bemol.*

Para anular el sostenido o el bemol se usa un becuadro ♮.

Los sostenidos, los bemoles y los becuadros se llaman *alteraciones, accidentes o notas accidentales,* y el efecto de una alteración se aplica sólo a la nota delante de la cual está escrita (además de todas las notas iguales a ésa y que se encuentran en el mismo compás). No afecta a las notas en cualquier otra octava y lo anula una barra de compás.

El si en el compás dos es un si ♮ y NO un si ♭.

Recuerde siempre escribir el signo en la línea o el espacio correcto.

Intervalos

La distancia más pequeña entre dos notas (o sea, intervalo) se llama semitono. De do a do ♯ hay un semitono, como lo hay de mi a fa. Estas notas están una junto a la otra. Entre do y re hay una nota negra y, por lo tanto hay dos semitonos entre los dos, o sea, un tono entero. De fa a sol y de fa ♯ a sol ♯ hay también un tono .

Hay dos clases de intervalos de un semitono; los que mantienen el mismo nombre de la nota, como do y do♯ , llamado *semitono cromático,* y los que tienen un nombre diferente de la nota, como do y re ♭.

Podemos hacer sonar los intervalos de dos maneras: uno después del otro, o juntos. Si los hacemos sonar uno después del otro, formamos una melodía, y por esta razón se llama *intervalo melódico*; si hacemos sonar intervalos juntos formamos un *acorde* o *intervalo armónico.*

Usamos números para identificar los intervalos. Por ejemplo, de do a re hay una 2.ª porque están involucradas dos notas. De do a mi hay una 3.ª porque se usan tres notas (do, re, mi).

Las alteraciones no cambian el número del intervalo. De re a fa hay siempre una 3.ª, cualesquiera sostenidos o bemoles que se añadan a cualquier nota: re a fa, re ♭ a fa, re a fa ♯ y así sucesivamente son todas 3.ªˢ. Las alteraciones simplemente alteran el *tipo* de intervalo. Hay cinco nombres para los diferentes tipos de intervalo. Estos nombres son:

Mayor –Pueden ser mayores la 2.ª, 3.ª, 6.ª y 7.ª;

Menor –los intervalos menores tienen un semitono menos que los mayores; pueden ser: 2.ª, 3.ª, 6.ª y 7.ª;

Perfecto –4.ª, 5.ª y 8.ª;

Disminuido –Todos los intervalos pueden ser disminuidos; tienen un semitono cromático menos que los menores y que los perfectos;

Aumentado –Todos los intervalos pueden ser aumentados; tienen un semitono cromático más que los mayores y los perfectos.

La escala

Si escribimos una sucesión de notas, cada una de ellas con un nombre diferente, creamos una escala. La escala natural de do tiene las notas do, re, mi, fa, sol, la, si y do. Obsérvese que acabamos con la misma nota con que comenzamos, pero a una distancia de ocho notas más agudas. Este espacio de ocho notas se llama octava.

Si escribimos la escala de do encontramos que de do a re hay un tono; de re a mi hay un tono; de mi a fa, un semitono; de fa a sol, un tono; de sol a la, un tono; de la a si, un tono; y de si a do, un semitono. Esto constituye la escala de do mayor. Todas las escalas mayores tienen el modelo tono, tono, semitono, tono, tono, tono, semitono (por lo general se escribe TTS, TTTS) entre las notas.

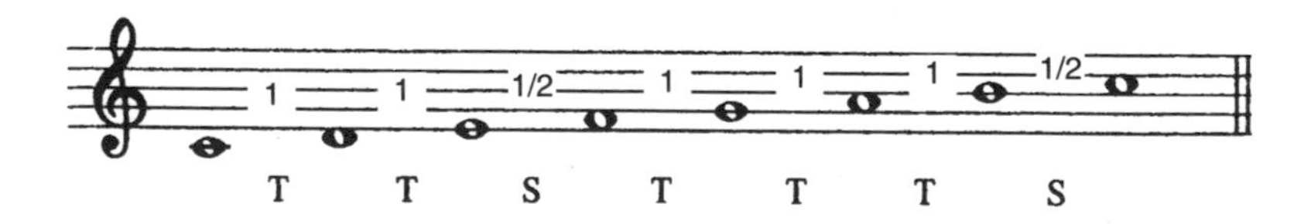

Si desarrollamos una escala mayor en un teclado comenzando por una nota que no sea do debemos usar teclas negras. Ahora escribiremos las escalas mayores de sol y re; debemos recordar que tenemos que usar el modelo TTS, TTTS.

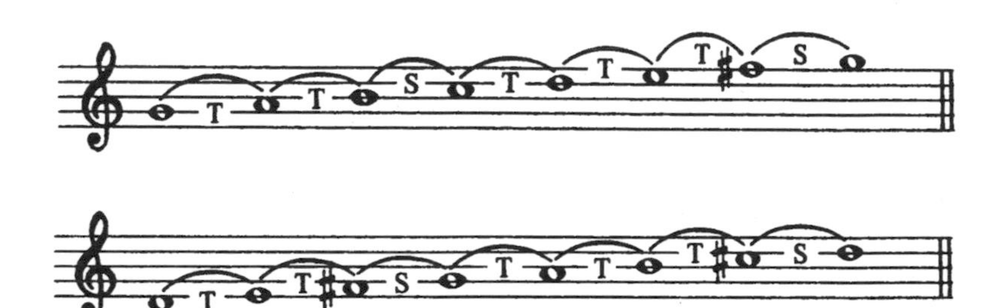

Examinemos los intervalos dentro de la escala de do mayor.

Do a re forma una 2.ª mayor.
Do a mi forma una 3.ª mayor.
Do a fa forma una 4.ª perfecta.
Do a sol forma una 5.ª perfecta.
Do a la forma una 6.ª mayor.
Do a si forma una 7.ª mayor.
Do a do forma una octava perfecta.

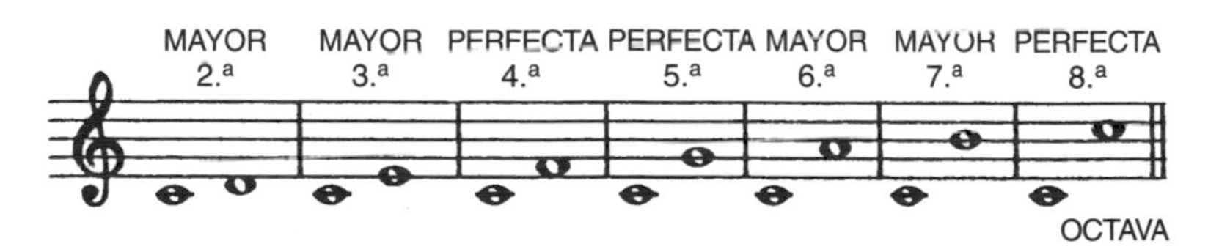

Se verá que los intervalos en una escala mayor son mayores o perfectos, según su valor numérico. Usamos la escala mayor como base a partir de la cual identificar el tipo de intervalo.

Alteraciones dobles

Hemos aprendido que el sostenido, el bemol o el becuadro, altera cada uno una nota en un semitono. Cuando queremos alterar una nota en un tono entero, usamos un doble sostenido o un doble bemol.

Un doble sostenido eleva una nota dos semitonos (un tono). El signo que se usa es 𝄪.

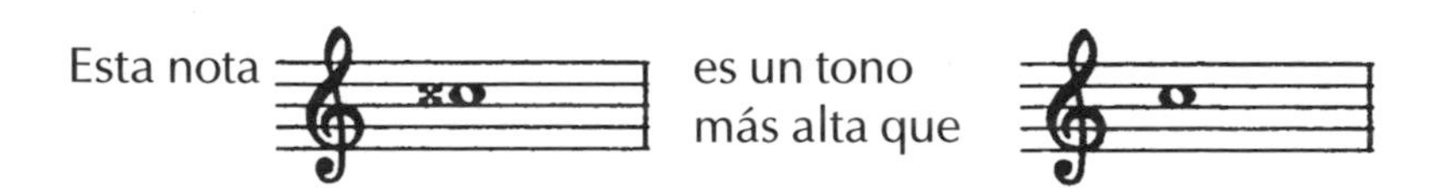

Un doble bemol baja una nota dos semitonos (un tono). Se escribe con dos bemoles (𝄫) juntos delante de la nota, incluso cuando la armadura está provista de bemoles.

Para anular el doble sostenido o el doble bemol y hacer que la nota tenga un solo sostenido o bemol, necesitamos escribir un becuadro (para anular el primer sostenido o bemol) y un sostenido o bemol simple (véase página 76). Para anular una alteración doble y quitar ambos sostenidos o ambos bemoles hay que usar dos becuadros.

Ya hemos encontrado varios ejemplos de un sonido que tiene dos nombres. Por ejemplo, do♯ tiene el mismo sonido que re ♭, fa♯ el mismo sonido que sol♭, y así sucesivamente. Si estudiamos el diagrama siguiente veremos que hay tres nombres para cada nota excepto para la ♭. No es necesario aprenderse todos estos nombres, pero debemos ser capaces de desarrollarlos cuando sea necesario.

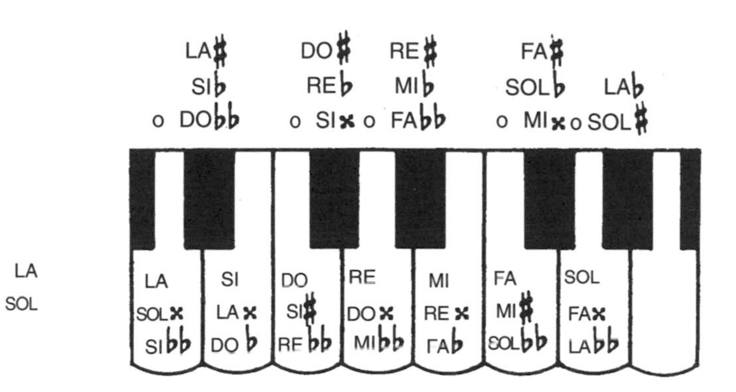

Este cambio que sólo afecta a su nomenclatura se llama *enarmónico*. De modo que *enarmónico* significa dar a una nota o notas diferentes nombres sin cambiar el sonido real.

Intervalos aumentados y disminuidos

Los intervalos mayores pueden hacerse más pequeños o más grandes en cuanto a su amplitud o distancia.

Si reducimos un intervalo mayor en un semitono cromático se convierte en menor. Do a mi, una 3.ª mayor, reducido a do a mi ♭ se convierte en una 3.ª menor.

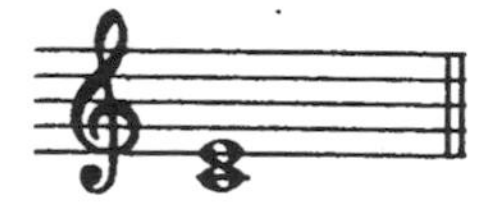

Si además reducimos el intervalo menor de do a mi ♭♭ producimos una 3.ª disminuida.

Si aumentamos la 3.ª mayor do-mi un semitono cromático, es decir de a do a mi ♯, producimos una 3.ª aumentada.

Así, un intervalo mayor, un semitono cromático más pequeño, se convierte en menor; un intervalo menor, un semitono cromático más pequeño, se convierte en disminuido; un intervalo perfecto, un semitono cromático más pequeño, se convierte en disminuido; un intervalo mayor un semitono cromático más grande, se convierte en aumentado; un intervalo menor, un semitono cromático más grande, se convierte en mayor; un intervalo perfecto, un semitono cromático más grande, se convierte en aumentado.

Una explicación gráfica de esto podría ser:

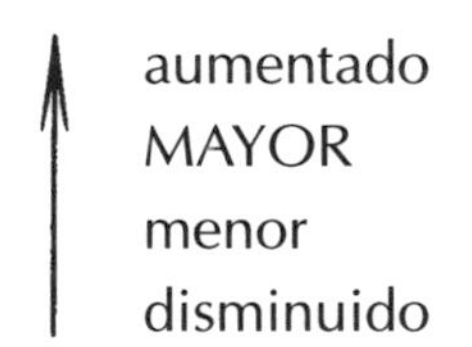

aumentado
PERFECTO
disminuido

Hay seis semitonos en una 5.ª disminuida, y hay seis semitonos en una 4.ª aumentada. Seis semitonos son lo mismo que tres tonos completos, y podemos llamar a los intervalos de 5.ª disminuida y de 4.ª aumentada con el nombre de *tritono* («tri-» significa tres, como triángulo o triciclo). Un tritono tiene exactamente la mitad de tonos que una octava.

Inversiones

Podemos invertir intervalos mediante la conversión de la nota más grave del intervalo en la más aguda.

invertida se convierte en

Esto produce una clase de intervalo diferente.

Así: los intervalos mayores se convierten en menores.

Los intervalos menores se convierten en mayores.

Los intervalos aumentados se convierten en disminuidos.

Los intervalos perfectos siguen siendo perfectos.

Los intervalos disminuidos se convierten en aumentados.

Los sonidos producidos por intervalos pueden formar concordancias o discordancias.

Las concordancias pueden ser perfectas o imperfectas. Son concordancias imperfectas la 3.ª y la 6.ª mayores y menores y son concordancias perfectas la 4.ª, la 5.ª y la 8.ª.

Todos los demás intervalos son discordancias.

El hecho más importante que hay que recordar acerca de los intervalos se refiere a su extension. Puesto que el tamaño numérico de un intervalo está determinado por un número de nombres de notas entre la más baja y la más aguda no podemos alterar la parte numérica de su descripción, cualesquiera que sean las alteraciones involucradas, a menos que cambiemos la posición (y por tanto el nombre) de una nota. Así,

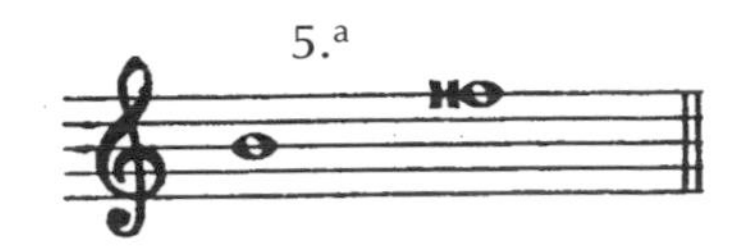

sigue siendo un intervalo de 5.ª porque hay cinco nombres de notas involucrados. Si lo invertimos, por supuesto, se convierte en una 4.ª, porque entre cualquier clase de fa y cualquier clase de si hay cuatro notas.

Normalmente hacemos intervalos ascendentes, pero cuando necesitamos encontrar un intervalo descendente de cierta nota, lo mejor es invertir el intervalo y luego escribir la nueva nota una escala más baja. Por ejemplo, si buscamos la 3.ª menor descendente de la es lo mismo que la 6.ª mayor ascendente, es decir, fa ♯.

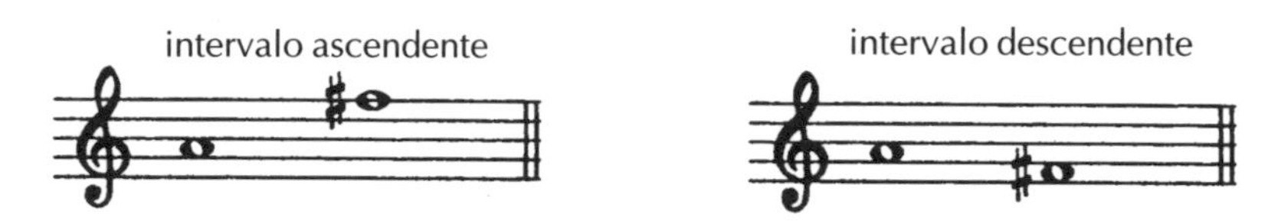

Si la nota más baja de cualquier intervalo no es la tónica (véase más adelante) de una escala mayor, un cambio enarmónico de ambas notas puede ayudar. Una 6.ª por encima de sol ♯ es enarmónicamente lo mismo que una 6.ª superior de la ♭. Así, una 6.ª por encima de sol ♯ tiene que ser un mi. No hay tonalidad mayor de sol ♯ (véase «Armaduras», pág. 60), de modo que pensaremos que sol ♯ es la ♭ y una 6.ª mayor de la♭ es fa. Debemos convertir esto en una clase de mi, de modo que debe ser mi ♯.

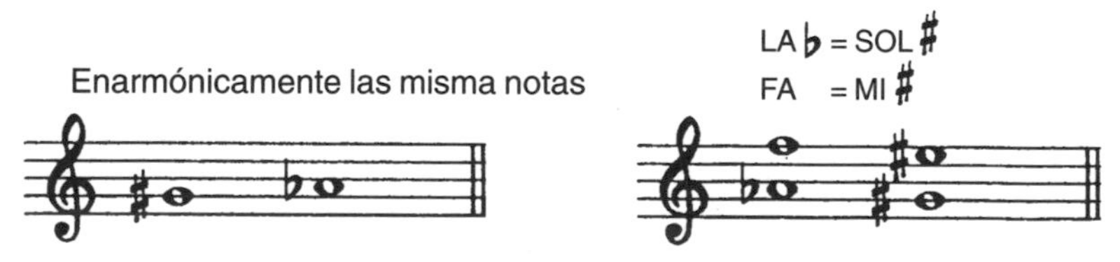

Podemos valernos del teclado para identificar intervalos. Por ejemplo, para encontrar el intervalo do 𝄪 – si se produce la siguiente relación: en la escala de do mayor, de do a si hay una 7.ª mayor; de do♯ a si hay un semitono menos, una 7.ª menor; do𝄪 - si es un semitono más pequeño, una 7.ª disminuida.

Nombres técnicos de las notas

Cada nota o grado de una escala mayor tiene un nombre diferente. Esto significa que es una escala diatónica. Aparte de los nombres de las notas, cada grado de una escala diatónica tiene un nombre técnico. El primero se llama *tónica*; el segundo, *supertónica*; el tercero, *mediante*; el cuarto, la *subdominante*; el quinto, la *dominante*; la sexta, la *superdominante*; la séptima la *sensible*, y la octava, la *tónica* de nuevo.

Puede ser de ayuda recordar los nombres de este modo:

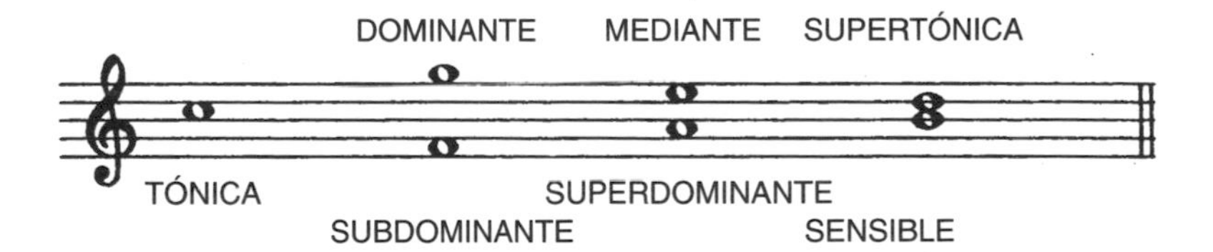

La tónica se llama así porque da su nombre al tono; la supertónica, tiene este nombre porque ocupa el lugar inmediatamente superior a la tónica; la mediante se denomina de este modo porque su posición está justo entre la tónica y la dominante; la subdominante ocupa el lugar anterior a la dominante; tiene este nombre por su función dominante en el mecanismo tonal; la superdominante ocupa el lugar inmediato superior a la dominante; la sensible dista un semitono de la tónica y se siente atraída hacia ella.

Preguntas

1. ¿Qué es una alteración?
2. ¿Cambia una alteración alguna nota, además de aquella delante de la que está escrita?
3. (a) ¿Qué aspecto tiene un becuadro?
   (b) ¿Cuándo usamos un becuadro?
   (c) ¿Qué causa un bemol a una nota?
   (d) ¿Qué causa un sostenido a una nota?
4. ¿Cuánto dura el efecto de un sostenido, un bemol o un becuadro?
5. A partir de la siguiente lista, escriba:
   (i) las notas que están separadas un tono;
   (ii) las notas que están separadas un semitono:

   do a re   re a mi   mi a fa   fa a sol
   sol a la   la a si   si a do

6. a) ¿Cuáles de las siguientes notas tienen los nombres correctos?

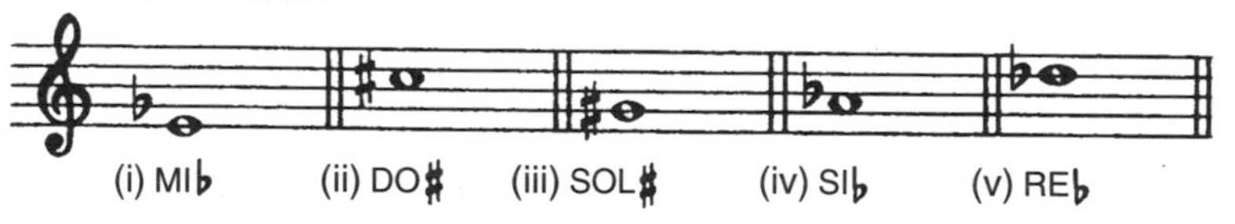

   (b) Eleve o baje un semitono estas notas usando la alteración correcta.

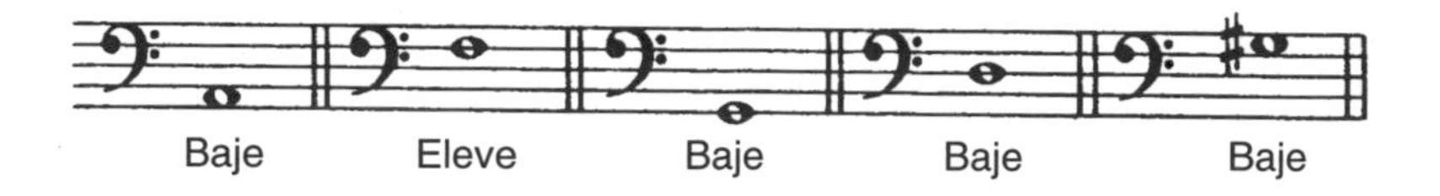

7. (a) ¿La nota marcada con un asterisco sería si♭ o si♮? ¿Por qué?

(b) ¿La nota marcada con un asterisco sería fa♯ o fa♮? ¿Por qué?

8. (a) ¿Qué es un intervalo melódico?
   (b) ¿Qué es un intervalo armónico?
9. (a) ¿Qué es un semitono cromático?
   (b) ¿Qué es un semitono diatónico?
   (c) Señale cuáles de éstos son semitonos cromáticos:

10. ¿Qué número describe cada uno de estos intervalos:

    do - mi; re - la; fa - re; sol - la; do - si?

11. (a) ¿La alteración cambia la parte numérica de un intervalo?
    (b) ¿Cómo afecta una alteración a un intervalo?
12. ¿Cómo describiría los siguientes intervalos?
    (i) 2.as, 3.as, 6.as, 7.as.
    (ii) Los intervalos un semitono cromático más pequeños que los mayores.
    (iii) 4.as, 5.as, 8.as .
    (iv) Los intervalos un semitono cromático más pequeños que los perfectos y los menores.
    (v) Los intervalos un semitono cromático más grandes que los mayores y los perfectos.

13. ¿Cuál es el signo para el doble sostenido, y qué significa?
14. ¿Cuál es el signo para el doble bemol, y qué significa?
15. (a) ¿Qué es un cambio enarmónico?
    (b) Cambie las notas siguientes enarmónicamente. Hay dos cambios para cada nota.

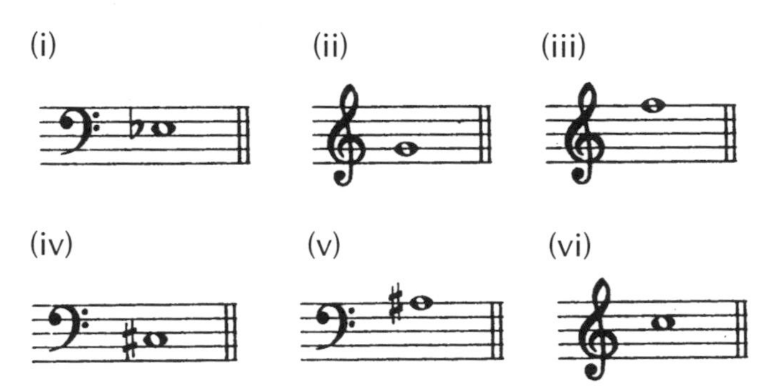

16. ¿De qué modo podemos alterar los intervalos mayores?
17. ¿Cuánto reducimos un intervalo mayor para convertirlo en uno menor?
18. Explique cómo se puede convertir un intervalo mayor en uno disminuido.
19. Explique cómo se puede convertir un intervalo mayor en uno aumentado.
20. (a) ¿Por qué mi - fa es una 2.ª menor?
    (b) ¿Por qué si - do es una 2.ª menor?
    (c) ¿Por qué re - fa es una 3.ª menor?
    (d) ¿Por qué mi - sol es una 3.ª menor?
    (e) ¿Por qué fa - si es una 4.ª aumentada?
    (f) ¿Por qué si - fa es una 5.ª disminuida?
21. (a) ¿Cuántos semitonos hay en los intervalos de 5.ª disminuida y en los de 4.ª aumentada?
    (b) ¿Con qué otro nombre podemos describir la 5.ª disminuida y la 4.ª aumentada?
22. ¿Cómo invertimos intervalos?

23. ¿Explique en qué se convierten estos intervalos cuando se invierten?

    disminuido mayor menor
    aumentado perfecto.

24. Complete la frase: «Los sonidos producidos por intervalos son . . . . . o . . . . . ».
25. (a) ¿Qué dos descripciones damos de las concordancias?
    (b) Describa cada tipo de concordancia.
26. ¿Qué son las discordancias o disonancias?
27. ¿Cuál es el hecho importante que hay que recordar de los intervalos?
28. ¿Qué son los intervalos dibujados a continuación?

29. (a) Escriba los siguientes intervalos en la clave de sol:
    (i) 4.ª perfecta arriba de mi ♭.
    (ii) 7.ª mayor arriba de do ♯.
    (iii) 3.ª menor abajo de la ♭.
    (b) Escriba los siguientes intervalos en la clave de fa:
    (i) 2.ª mayor arriba de fa ♯.
    (ii) 7.ª disminuida abajo de re.
    (iii) 4.ª aumentada arriba de fa.
30. Escriba los nombres de estos intervalos:

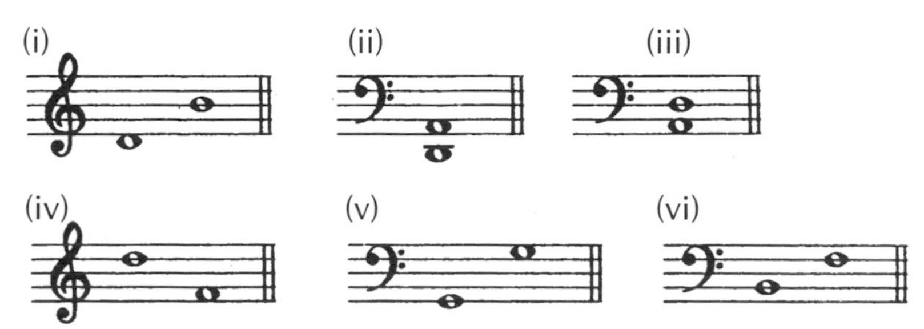

31. (a) ¿Qué es una escala?
    (b) ¿Cuales son las notas de la escala de do?
    (c) ¿Qué es una octava?
    (d) ¿Qué significa la palabra «diatónica»?
32. (a) ¿Qué es un tono o grado?
    (b) ¿Qué es un semitono?
    (c) ¿Cuál es el modelo de tonos y semitonos en una escala mayor?
33. (a) Escriba, en el orden correcto, los nombres técnicos dados a cada grado de la escala.
    (b) ¿Cómo contamos siempre los grados de la escala: hacia arriba o hacia abajo?

IV

escalas y tonalidades

Escala mayor

Cada escala mayor está formada por dos partes o secciones. La escala de do consta de la sucesión do, re, mi, fa y de sol, la, si, do. Cada parte se llama *tetracordio* y está formada por dos tonos y un semitono. Entre los dos tetracordios hay un tono (fa a sol). Todas las escalas mayores pueden dividirse en estas dos mitades.

En do mayor, el tetracordio más agudo es el formado por sol, la, si, do. Estas notas constituyen el tetracordio más grave de sol mayor. El tetracordio más agudo de sol mayor (re, mi fa ♯, sol) corresponde al tetracordio más grave de re mayor. *Observe que en las tonalidades que tienen sostenidos el tetracordio más alto se convierte en el tetracordio más bajo de la tonalidad que tiene un sostenido más.* Por lo tanto, la nota más baja del tetracordio más agudo de la tonalidad primigenia se convierte en la tónica, o nota tónica, de la nueva tonalidad que tiene un sostenido más.

La séptima nota de una escala mayor está siempre un semitono por debajo de la nota tónica. En sol mayor, por ejemplo, la nota tónica es sol, la séptima (fa ♯) está un semitono debajo de

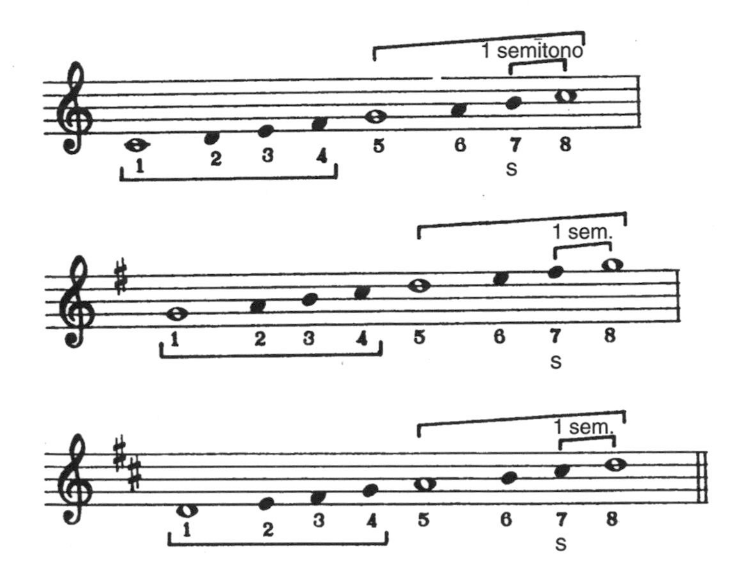

sol. Esta séptima nota «pide»al oído volver a la nota tónica y, por consiguiente, se la llama *sensible* (S).

Armaduras

Podríamos escribir toda nuestra música usando un accidente delante de cada una de las notas que quisiéramos alterar, pero esto haría que nuestra música fuera muy difícil de leer. De modo que reunimos los sostenidos o bemoles que se repiten y los escribimos sólo al comienzo de cada línea, después de la clave y antes del compás. Los llamamos *armadura*.

Una armadura se compone de sostenidos o de bemoles, nunca una mezcla de ambos.

Si una armadura se cambia en una pieza de música, aparece una doble barra de compás, seguida de la nueva armadura.

Para crear una nueva tonalidad con un sostenido más que la tonalidad que se está usando, deberá seguirse este proceso:

1. La nueva escala comienza en el quinto grado de la escala anterior.
2. Las notas de esta nueva escala serán las mismas que en la escala original, a excepción de la penúltima nota, que debe estar un semitono por debajo de la nota tónica, y por eso necesita que se añada un sostenido a la armadura.

De este modo aparece un orden de sostenidos: fa♯, do♯, sol♯, re♯, la♯, mi♯, si♯.

Éstos deben escribirse siempre en este orden:
Do mayor no tiene sostenidos ni bemoles.
Sol mayor tiene 1 sostenido: fa♯.
Re mayor tiene 2 sostenidos: fa♯, do♯.
La mayor tiene 3 sostenidos: fa♯ do♯, sol♯.
Mi mayor tiene 4 sostenidos: fa♯ do♯, sol♯, re♯.
Si mayor tiene 5 sostenidos: fa♯, do♯, sol♯, re♯, la♯.
Fa♯ mayor tiene 6 sostenidos: fa♯, do♯ sol♯, re♯, la♯, mi♯.
Do♯ mayor tiene 7 sostenidos: fa♯, do♯, sol♯, re♯, la♯, mi♯, si♯.

Aquí están las escalas mayores con hasta cuatro sostenidos.

Do mayor

Sol mayor

Re mayor

La mayor

Mi mayor

Un modelo similar surge con las armaduras que se componen de bemoles.

En do mayor, el tetracordio más bajo es do, re, mi, fa. Éste es también el tetracordio más alto de fa mayor, cuya tonalidad tiene un bemol. El tetracordio más grave de fa mayor (fa, sol, la, si♭) es también el tetracordio más agudo de si ♭ mayor, cuya tonalidad tiene dos bemoles. *Observe que en las tonalidades que tienen bemoles, el tetracordio más grave es igual que el tetracordio más agudo de la tonalidad que tiene un bemol más*. Por consiguiente, la nota más alta del tetracordio más grave de la tonalidad original se convierte en la tónica, o nota tónica, de la nueva tonalidad que tiene un bemol más.

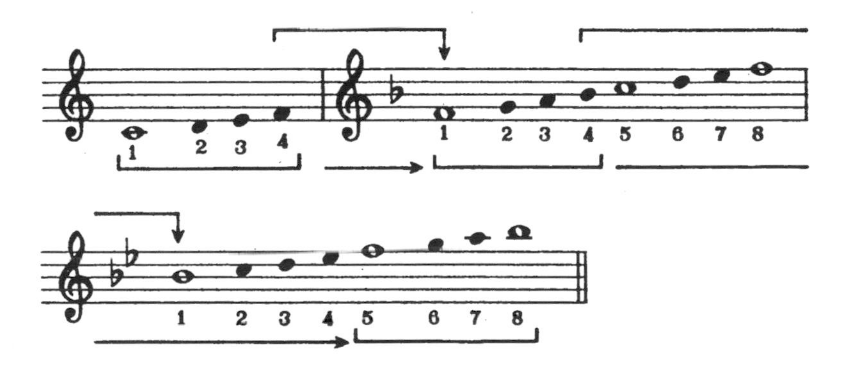

Así como las armaduras con sostenidos tienen un modelo, las armaduras con bemoles también. La diferencia es que cada bemol añadido está a una distancia de una 4.ª del anterior: si♭, mi♭, la♭, re♭, sol♭, do♭, fa♭.

Fa mayor tiene 1 bemol: si♭.
Si♭ mayor tiene 2 bemoles: si♭, mi♭.

Mi♭ mayor tiene 3 bemoles: si♭, mi♭, la♭.
La♭ mayor tiene 4 bemoles: si♭, mi♭, la♭, re♭.
Re♭ mayor tiene 5 bemoles: si♭, mi♭, la♭, re♭, sol♭.
Sol♭ mayor tiene 6 bemoles: si♭, mi♭, la♭, re♭, sol♭, do♭.
Do♭ mayor tiene 7 bemoles: si♭, mi♭, la♭, re♭, sol♭, do♭, fa♭.

Aquí están las escalas mayores con hasta cuatro bemoles.

Fa mayor

Si♭ mayor

Mi♭ mayor

LA♭ mayor

Una manera útil de recordar el orden de los sostenidos y bemoles es la siguiente: el sentido de las agujas del reloj da las tonalidades de sostenido, contando una quinta para cada nueva tonalidad, y el sentido contrario al de las agujas del reloj, las tonalidades de bemol, contando una cuarta entre cada nueva tonalidad.

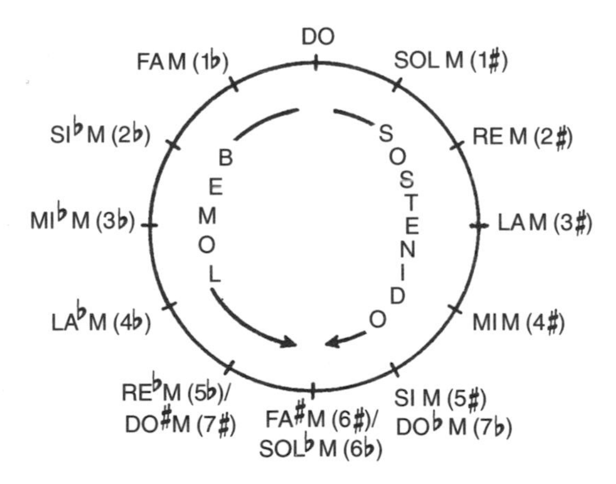

Advertirá que las escalas de si y do ♭, fa♯ y sol ♭, y do♯ y re♭ son enarmónicas (la escritura es diferente, pero son los mismos sonidos).

Ahora debemos familiarizarnos con todas las armaduras mayores usando tanto la clave de sol como la de fa. En cada caso una redonda muestra la nota tónica:

Tonalidad DO M
Tonalidad SOL M
Tonalidad RE M
Tonalidad LA M
Tonalidad MI M
Tonalidad SI M
Tonalidad FA ♯ M
Tonalidad MI ♯ M
Tonalidad DO M
Tonalidad FA M
Tonalidad SI ♭ M
Tonalidad MI ♭ M
Tonalidad LA ♭M
Tonalidad RE ♭ M

También debemos aprender las posiciones en el pentagrama para los sostenidos y los bemoles cuando usamos una armadura con la clave de do en tercera o cuarta línea..

Clave de do en tercera línea

Escala menor armónica

Hemos visto a fondo la composición de una escala mayor como dos tetracordios, que constan de dos tonos y un semitono cada uno y separados entre sí por un tono. El orden de la escala menor armónica es: tono, semitono, tono, tono, semitono, tono más semitono (2.ª aumentada), semitono.

La escala menor armónica de LA

Este orden de escala debería ser claramente comprensible con la explicación de que el sol tiene que ser sostenido porque es la sensible, y ya hemos aprendido que una sensible siempre debe estar a un semitono de la tónica.

Por lo tanto, el sol debe ser sostenido para realizar un intervalo de una 2.ª aumentada desde fa, y también para convertirse en la sensible, a un semitono de la. Si comparamos las escalas de La mayor y La menor armónica veremos las diferencias.

La tercera y la sexta notas son un semitono más bajas en la escala menor armónica que en la mayor. Una escala menor que comienza en la misma nota tónica que la escala mayor se llama *menor tónica*. Cuando escribimos una escala menor tónica, primero escribimos la escala mayor tónica y luego «bemolamos» (bajamos un semitono) la tercera y la sexta notas.

Fa mayor

se convierte en fa menor armónica

Por supuesto, para bemolar una nota no siempre usamos un bemol. Bemolar sólo significa bajar una nota un semitono.

Por lo tanto, para escribir la escala menor armónica y tónica de re escribimos la mayor de re, salvo que omitimos el signo de sostenido delante de fa (bemolar o bajar la tercera) y ponemos un bemol delante de si (bemolar o bajar la sexta).

Re mayor

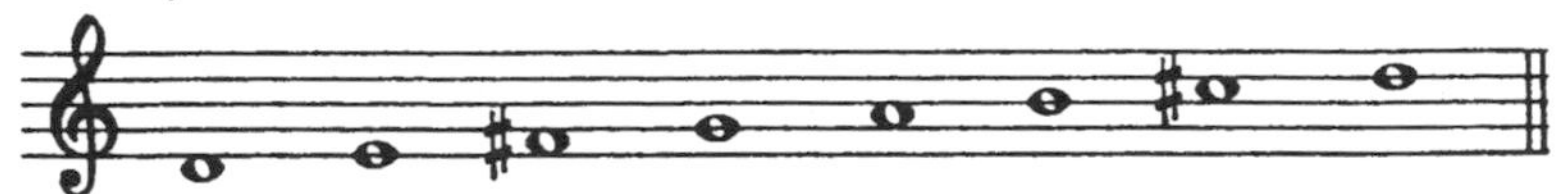

se convierte en re menor armónica

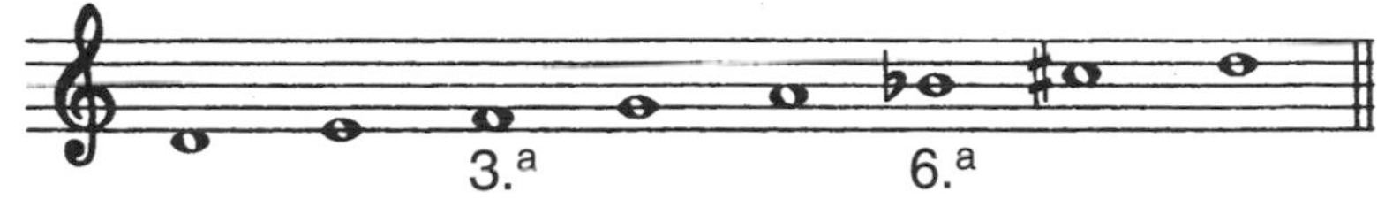

Escala menor natural

La escala menor natural, también conocida como escala menor, sin más, está formada así: tono, semitono, tono, tono, semitono, tono, tono. Cada escala menor está relacionada con una escala mayor y en ocasiones comparte la misma armadura. La *menor relativa* de cualquier escala mayor es tres semitonos más grave que la escala mayor. Por ejemplo, la escala de re menor (como la menor relativa) comparte la misma armadura que fa mayor. De modo similar, mi menor es la escala menor relativa de sol mayor y comparte su armadura (un sostenido).

Si en lugar de la menor natural queremos obtener la menor armónica, una vez que la armadura está en su lugar la única nota que necesita una alteración es la sensible, que debe ser elevada un semitono (sostenida).

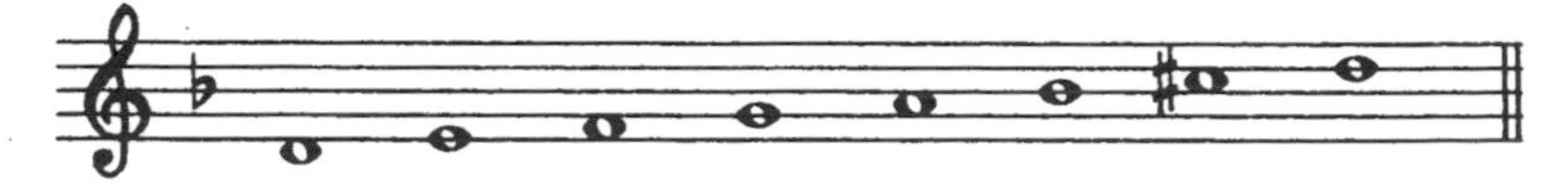

Aquí están las escalas menores armónicas hasta cuatro sostenidos, con sus tonalidades mayores relativas.

Relativa menor armónica de la para Do mayor

Relativa menor armónica de mi para Sol mayor

Relativa menor armónica de si para Re mayor

Relativa menor armónica de fa ♯ para La mayor

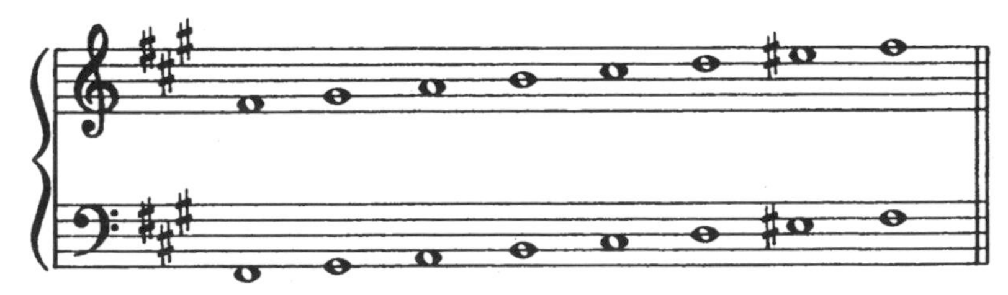

Relativa menor armónica de do ♯ para Mi mayor

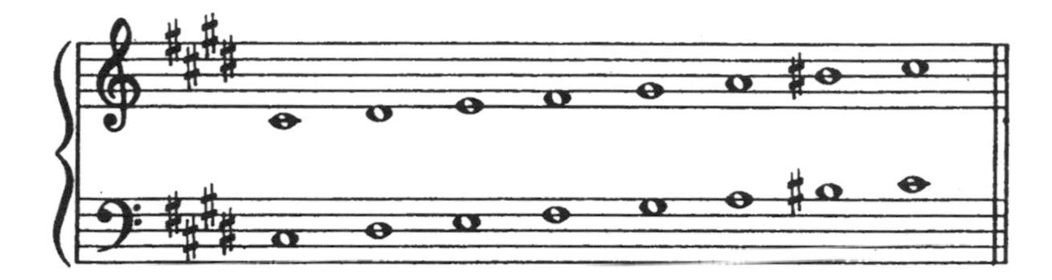

Aquí están las escalas menores armónicas hasta cuatro bemoles, con sus tonalidades mayores relativas, llamadas:

Relativa menor armónica de re para Fa mayor

Relativa menor armónica de sol para Si ♭ mayor

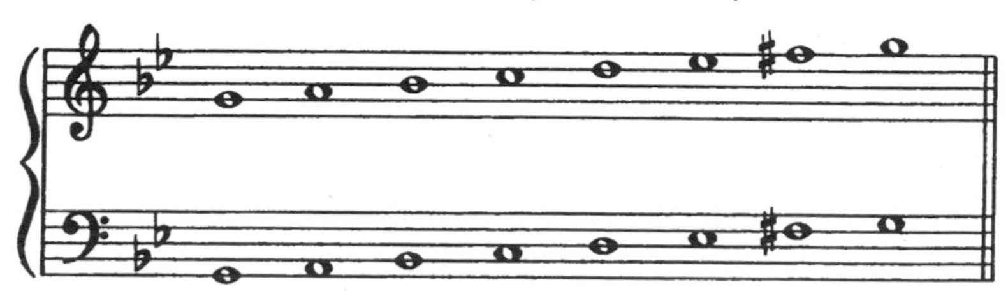

Relativa menor armónica de do para Mi♭ mayor

Relativa menor armónica de fa para La♭ mayor

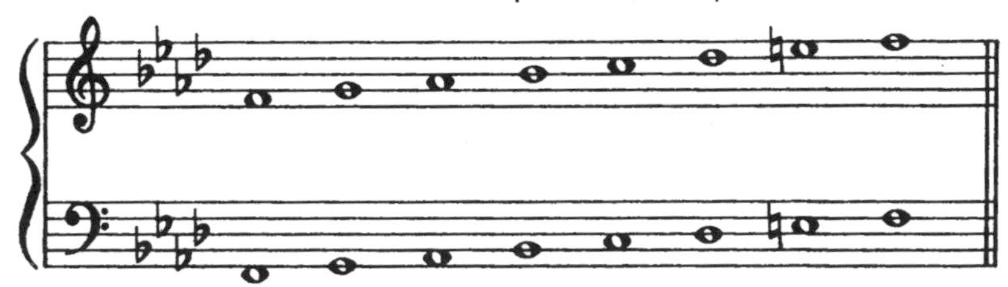

Escala menor melódica

Esta escala es diferente al ascender (subir) que al descender (bajar). Al ascender, las notas siguen la progresión de tono, semitono, tono, tono, tono, tono, semitono.

Una menor melódica relacionada con Do mayor.

Para descender se usan las notas de la menor natural.

El fa ♯ y el sol ♯ tienen que ser anulados mediante el uso del becuadro.

Otra manera de recordar la formación de la escala menor melódica es pensar en la escala mayor al ascender, luego sólo se necesita bemolar la tercera. Después hay que pensar en la menor natural al descender y usar las notas pertinentes para esa escala, corrigiendo las alteraciones usadas que sean necesarias.

Advierta que en la escala menor melódica con armadura los grados sexto y séptimo están elevados un semitono al ascender, pero bajados de nuevo al descender.

Aquí están las escalas menores melódicas hasta cuatro sostenidos:

Relativa menor melódica de la para Do mayor

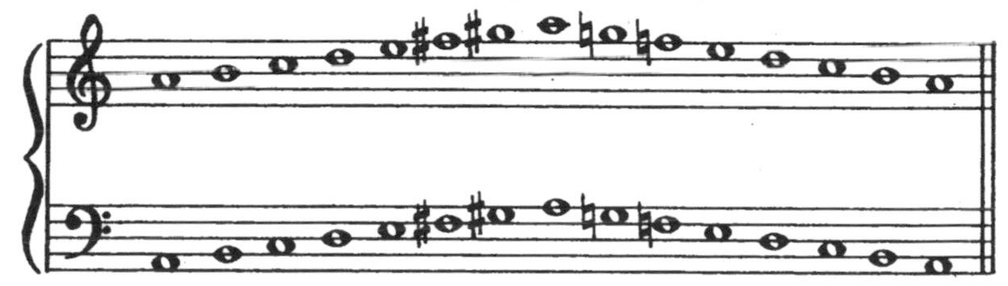

Relativa menor melódica de mi para Sol mayor

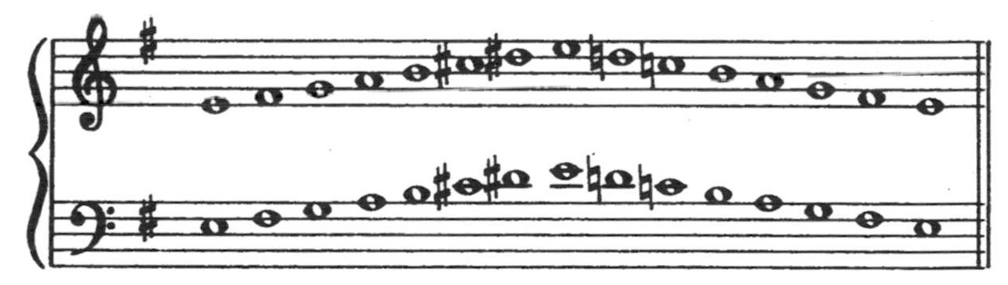

Relativa menor melódica de si para Re mayor

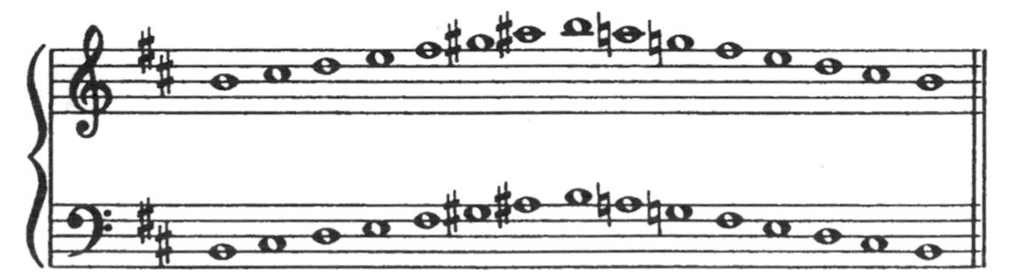

Relativa menor melódica de fa ♯ para La mayor

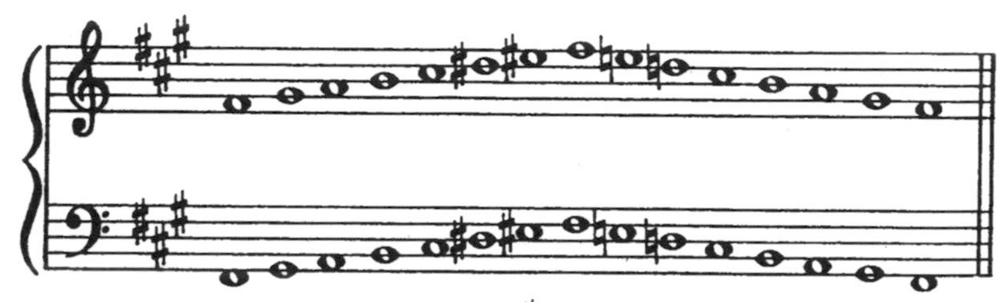

Relativa menor melódica de do ♯ para Mi mayor

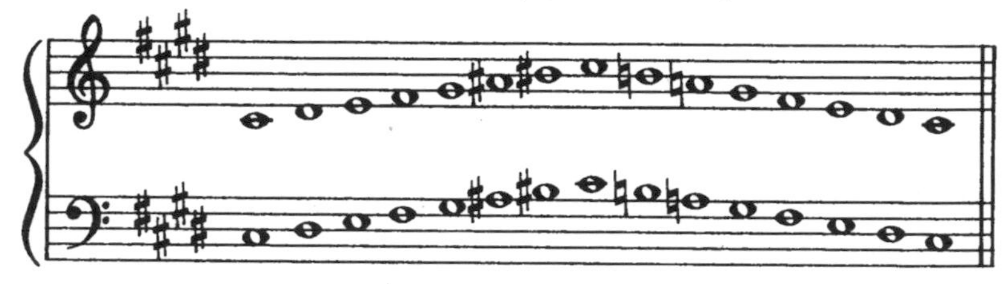

Aquí están las escalas menores melódicas hasta cuatro bemoles con los nombres de sus tonalidades mayores relativas:

Relativa menor melódica de re para Fa mayor

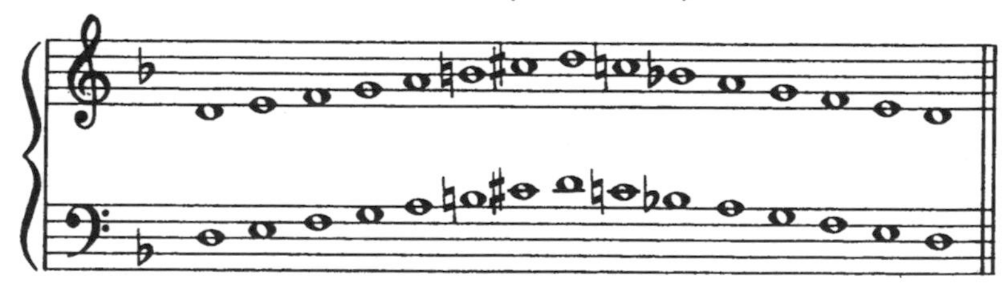

Relativa menor melódica de sol para Si ♭ mayor

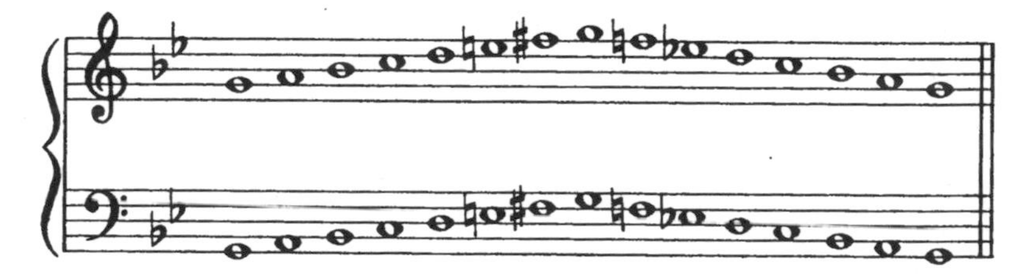

Relativa menor melódica de do para Mi♭ mayor

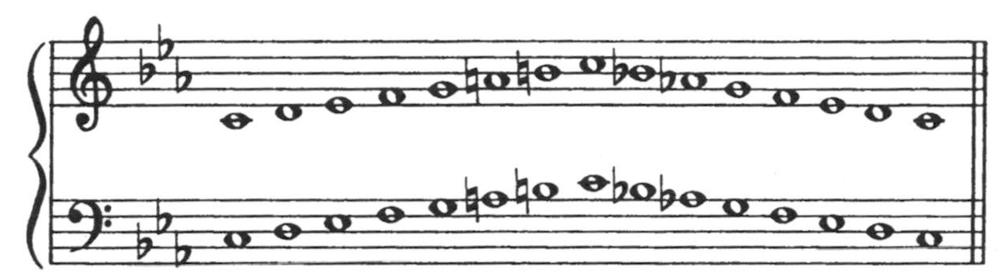

Relativa menor melódica de fa para La♭ mayor

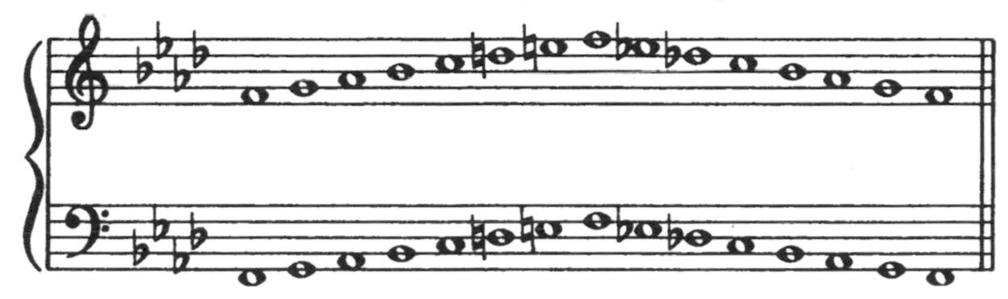

Advierta que al usar armadura, para hacer una escala menor melódica elevamos los grados sexto y séptimo un semitono al ascender, pero los bajamos de nuevo al descender.

Escala cromática

Una escala cromática es la que sigue un modelo formado exclusivamente por semitonos; es decir, cualquier nota dista un semitono de la nota inferior y un semitono de la superior.

Así como hay dos formas de escala menor, también hay dos formas de escala cromática: armónica y melódica. La *armónica* se llama así porque sus semitonos pueden armonizarse dentro de la estructura de la escala diatónica normal. La *melódica* se debe a que tiene menos alteraciones y, por lo tanto, resulta más fácil de leer. En la forma armónica escribimos el primer grado de la escala (tónica) y el quinto grado (dominante) sólo una vez; el resto de grados se escribe dos veces.

Aquí hemos usado barras de compás, pero no armadura. Puesto que un accidental afecta sólo al compás en que está escrito, al descender, el compás seis no necesita becuadro alguno en el fa.

Como siempre, los grados de la escala se cuentan de abajo arriba. Podemos escribir cada forma de escala cromática con su armadura mayor o menor, o sin armadura.

La forma melódica de una escala cromática es sólo ascendente y al descender toma la forma armónica:

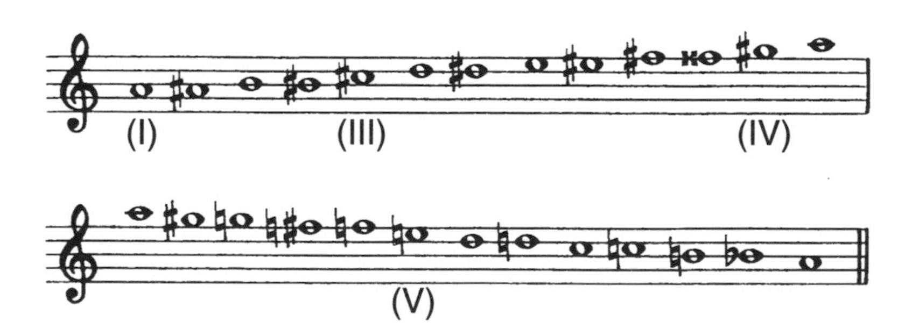

Advierta, entonces, que en la forma melódica la tercera y la séptima se usan sólo una vez, el resto de grados dos veces.

Hemos aprendido que la escala mayor, las escalas menor armónica, menor melódica y menor natural y la escala cromática se componen todas de diferentes modelos de tonos y semitonos. Las escalas mayores y menores son diatónicas, puesto que cada nota tiene un nombre diferente. Ninguna forma de escala cromática puede ser diatónica, puesto que los nombres de las notas están repetidos.

Reconocimiento de las tonalidades

La música siempre se escribe con una armadura, pero, por supuesto, sería una composición aburrida la que no usara, en algún momento, un cambio de tonalidad (o modulación, para emplear el término correcto), y es esta identificación de las tonalidades por las que pasa la música lo que puede ser de gran interés.

Si usted ve dos sostenidos al comienzo de una obra, puede dar por sentado que la tonalidad es Re mayor o si menor. Esto muy bien puede cambiar al cabo de pocos compases a la tonalidad de la o si menor o a otra tonalidad estrechamente relacionada, y la maestría con que se realiza es una medida por la cual podemos valorar la habilidad del compositor.

Para encontrar la tonalidad de una pieza músical nos ocupamos de mirar si las notas se ajustan a alguna escala que conocemos. Por ejemplo, debemos ser capaces de reconocer la clave que usó aquí Beethoven:

Sonata opus 49 n.º 2

En primer lugar, hay una armadura de un sostenido: Sol mayor. Luego el primer sonido es un acorde completo de

Sol mayor, seguido por notas de la segunda inversión de la tríada tónica de sol mayor (veremos las tríadas posteriormente en las páginas 87-92). No obstante, la dominante ya no está en Sol mayor; en el compás ocho introduce un do ♯ que, junto con el fa ♯ en la armadura, nos hace pensar en la tonalidad dominante

de re, aunque, en realidad, la música no entra en Re mayor en este punto. ¿Comprende cómo pensamos? Un accidente añadido muy bien puede indicar el camino a la música que está modulando (cambiando) a una nueva tonalidad. Algunas veces una alteración hace alusión a una nueva tonalidad, pero enseguida es suprimida mediante un becuadro u otro signo, y la sonoridad de la alteración de la tonalidad es astutamente llevado a una senda diferente. La música de hecho no cambia a Re mayor después de cuatro usos y supresiones del necesitado do sostenido. Cuando sucede así, no es el do sostenido ni su supresión lo que marca el camino –ésta era sólo una sutil «pista falsa»–, sino el uso repetido del acorde dominante, que se convierte en la nueva tónica.

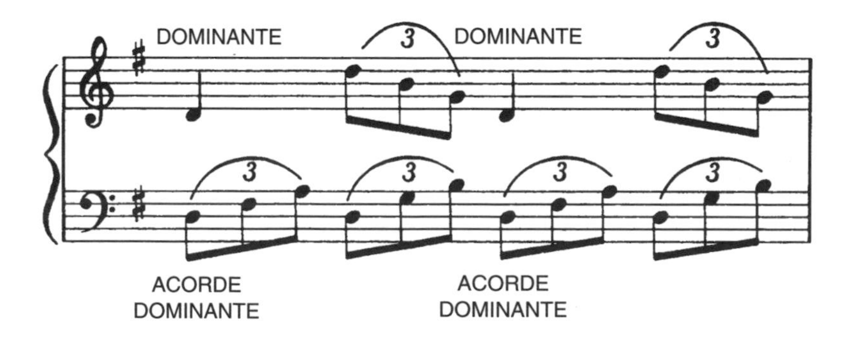

Podemos exponer el método que usamos para reconocer la tonalidad:

a) Armadura.
b) ¿Qué muestran los primeros acordes o notas, mayor o menor? ¿Qué muestran los últimos acordes o notas?
c) ¿Hay algunas modulaciones (cambios de tonalidad)?
d) Observe si alguna alteración forma parte de una escala.

Observe qué escala se usa: ¿mayor, menor melódica o armónica? Un accidental es posible que engañe, puede simplemente ser cromático (un «extraño» para la tonalidad), usado para causar un efecto auditivo. Observe si la nota subdominante de la tonalidad original está sostenida, esto puede mostrar un cambio de tonalidad para la dominante.

En el b) anterior sugerimos mirar el último acorde de una pieza de música. Algunas veces puede ser engañoso. Casi toda la música termina en la tonalidad tónica, excepto donde una *tierce de Picardie* se ha usado para crear un efecto específico.

La *tierce de Picardie* (o tercera de Picardía) es el acorde mayor tónico en lugar del menor en el final de una composición en una tonalidad menor. Ésta tiene un efecto satisfactorio, final y reposado. Debe recordarse que se usa en tonalidades menores y que no altera la tonalidad del resto de la música.

«Hilft mir Gott' Gute preisen» – Bach

El cambio enarmónico (dar a una nota o notas nombres diferentes sin cambiar el sonido) es un recurso que usan los compositores cuando quieren cambiar la tonalidad, usando una nota para pivotar entre la tonalidad en que su música está escrita y la nueva tonalidad a la que quieren modular.

El mi ♭ en el primer compás uno se convierte en re ♯ en el compás dos. Observe el uso de ligaduras y el cambio de armadura de Mi ♭ mayor a Mi mayor, con el uso de naturales para anular los bemoles en la armadura de Mi ♭ mayor. Recuerde incluir una doble barra de compás antes de la nueva armadura como indicación de que algo nuevo va a suceder. Esto también se aplica para cambios en la velocidad de la música entre secciones.

Preguntas

1. (a) ¿Qué es una armadura?
   (b) Escriba el orden apropiado de los bemoles en las claves de sol, do y fa.
   (c) Escriba el orden apropiado de los sostenidos en las claves de sol, do y fa.
2. (a) Escriba las siguientes armaduras y sus correspondientes notas tónicas, en la clave de sol, como blancas.

   (i) Mayores: fa, la, mi ♭, sol, si ♭, mi, re, la ♭.
   (ii) Menores: re, sol, do, si, do ♯, fa ♯, mi, fa.

   (b) Escriba las siguientes armaduras y sus correspondientes notas tónicas, en la clave de fa, como negras.

   (i) Mayores: mi ♭, sol, la, fa, si ♭, la ♭, re, mi.
   (ii) Menores: sol, do ♯, re, si, do, fa, mi, fa ♯.

3. (a) Escriba las siguientes armaduras con sus correspondientes notas tónicas como negras en la clave de sol:

Re ♭ mayor	Fa ♯ mayor	La ♯ mayor
Sol ♭ mayor	Do ♭ mayor	Do ♯ mayor
Mi ♭ mayor	Si mayor	Re ♯ mayor
si ♭ menor		

   (b) Escriba las siguientes armaduras con sus correspondientes notas tónicas como blancas en la clave de fa:

Do ♯ mayor	Sol ♭ mayor	Do ♭ mayor
sol ♯ menor	Si mayor	Re ♭ mayor
fa ♯ menor	la ♭ menor	mi ♭ menor
la ♯ menor		

4. (a) Nombre las tonalidades mayores con este número de alteraciones:

siete sostenidos	seis bemoles	cinco sostenidos
seis sostenidos	cinco bemoles	siete bemoles

(b) Nombre las tonalidades menores con estas armaduras:

siete sostenidos	seis bemoles	cinco sostenidos
seis sostenidos	siete bemoles	cinco bemoles

5. (a) ¿Qué es un tetracordio?
   (b) ¿Qué enlaza a dos tetracordios en una escala mayor?
6. (a) ¿Qué notas constituyen el tetracordio más alto de Re mayor?
   (b) ¿Qué notas constituyen el tetracordio más bajo de Sol mayor?
   (c) ¿Cómo podemos usar los tetracordios para realizar la escala con un sostenido más que Sol mayor?
7. ¿Cómo podemos usar tetracordios para realizar la escala con un bemol más que Fa mayor?
8. (a) ¿Qué tetracordio de qué escala usamos para realizar la escala de La mayor?
   (b) ¿Cuántos sostenidos tiene La mayor?
9. (a) ¿Qué tetracordio de qué escala usamos para realizar la escala de Mi♭ mayor?
(b) ¿Cuántos bemoles tiene Mi♭ mayor?
10. (a) ¿Cuál es el orden de intervalos en la escala menor armónica?
    (b) ¿Qué intervalo debe separar siempre la sensible de la tónica?
11. En la escala de la menor, ¿qué nota es la sensible?
12. (a) ¿Qué es una escala menor armónica?
    (b) ¿Cómo escribimos la menor armónica relativa de una escala mayor?
13. (a) ¿Qué armadura mayor usa una escala menor?

(b) Cuando se usa la armadura para escribir una escala menor armónica, ¿qué nota necesita siempre una alteración?

14. (a) ¿Qué es una menor relativa y cómo se encuentra?
(b) ¿Cuáles son las tonalidades menores relativas de las siguientes?

Fa mayor   Mi♭ mayor   Sol mayor
Do mayor   Re mayor

15. (a) Escriba el modelo usado en la escala menor melódica ascendente.
(b) ¿Qué modelo de escala usamos para descender?
16. ¿De qué maneras recordamos la formación de la escala menor melódica?
17. ¿Qué debemos hacer con los grados sexto y séptimo de la escala menor melódica al ascender y al descender?
18. (a) ¿Cómo llamamos a las dos formas de escala cromática?
(b) ¿Por qué damos a cada una su nombre particular?
19. ¿Qué es importante recordar acerca de la escritura de la forma armónica de una escala cromática?
20. ¿Qué es característico de la forma melódica de una escala cromática?
21. (a) Al escribir la escala cromática melódica, ¿qué grados de la escala se usan sólo una vez?
(b) ¿Hay realmente una forma descendente de la escala cromática melódica? Si no, ¿cómo descendemos?
22. Ponga las alteraciones para hacer que las siguientes escalas cromáticas estén escritas de manera correcta:

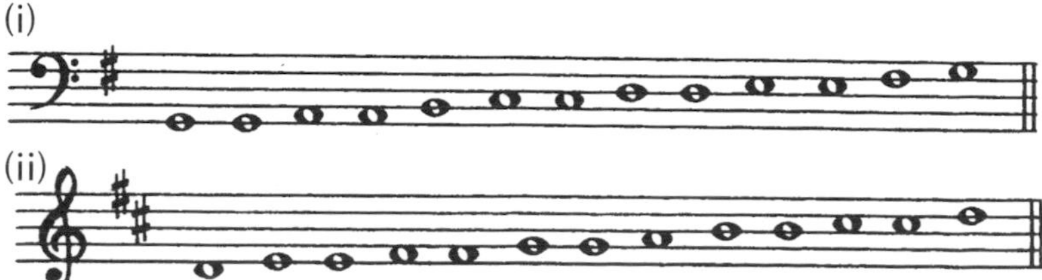

23. Modulación es el nombre que se da a una tonalidad que cambia durante una pieza de música. ¿Por qué podemos querer cambiar la tonalidad?
24. ¿En qué tonalidades están las siguientes piezas?

25. ¿Cuál es el método que usamos para reconocer la tonalidad de una pieza de música?
26. ¿Termina siempre la música en la tonalidad tónica?
27. ¿Cuándo se puede usar una *tierce de Picardie*?

V

tríadas

Formación de tríadas

Un acorde de tríada es un conjunto de tres notas que se ejecutan simultáneamente; es la base de toda armonía. Una tríada puede formarse en cualquier grado de la escala mayor o de la menor. Consiste en la nota grave (fundamental) y su tercera y quinta superiores.

Una tríada toma el nombre del grado de la escala con la cual está asociada. Por tanto, la tríada en la nota tónica es la tríada tónica. La tríada en la dominante es la tríada dominante. También puede aludirse a las tríadas mediante números romanos:

I = tríada tónica
II = tríada supertónica
III = tríada mediante
IV = tríada subdominante
V = tríada dominante
VI = tríada superdominante
VII = tríada sensible

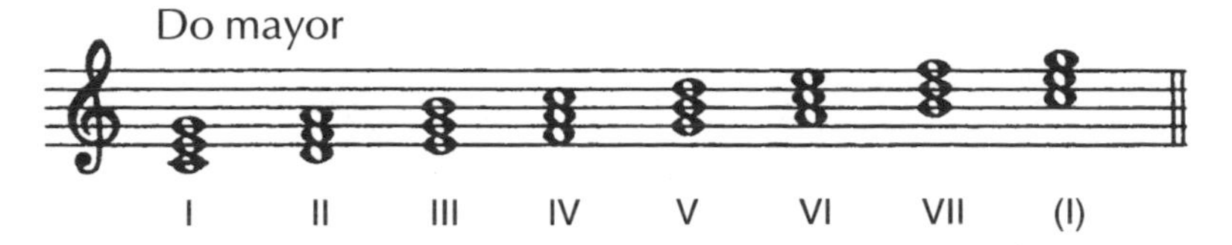

Tipos de tríadas

Para hacer una tríada mayor el intervalo entre la fundamental y la 3.ª debe ser una 3.ª mayor (dos tonos), y el intervalo entre la 3.ª de la tríada y la 5.ª debe ser una 3.ª menor (un tono y un semitono).

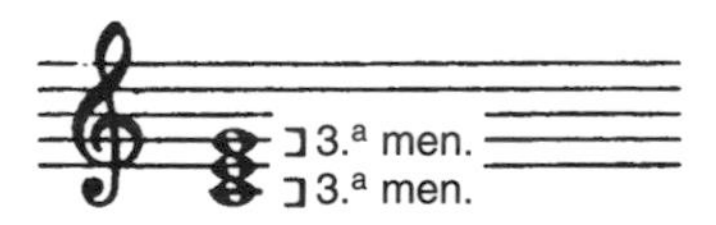

Si bemolamos la 3.ª de la tríada un semitono, entonces la tríada se convierte en menor. De este modo, la tríada menor consiste en un intervalo menor entre la fundamental y la 3.ª, y un intervalo mayor entre la 3.ª y la 5.ª (una 3.ª mayor).

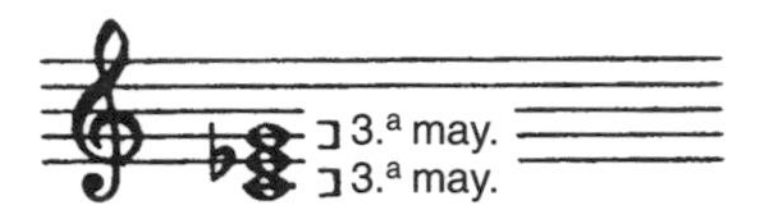

Para hacer una tríada disminuida deben usarse dos intervalos de 3.ª menor, haciendo de este modo a la 5.ª de la tríada también un semitono menor.

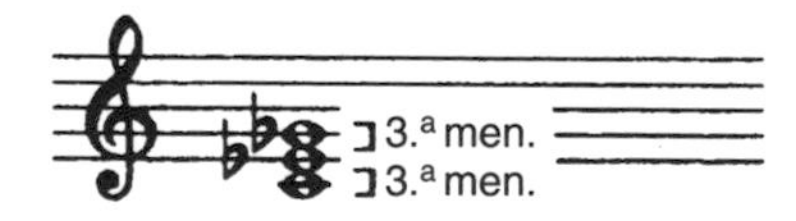

Una tríada aumentada requiere dos intervalos de 3.ª mayor, haciéndola de este modo un semitono mayor que una tríada mayor corriente (la 5.ª es aumentada).

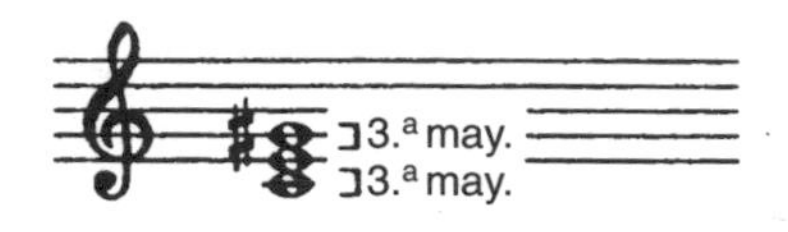

Las tríadas mayores y menores son concordantes porque son satisfactorias en sí mismas, el oído no «pide» resolución. Las tríadas disminuidas y aumentadas son discordantes o disonantes, de modo que necesitan que siga un acorde de resolución.

Posición de las tríadas

Hasta aquí todos los acordes han estado en estado fundamental. Esto significa que la nota de la cual se deriva el acorde está en la parte inferior de la tríada y la 3.ª y la 5.ª han sido colocadas por encima de ella.

No obstante, es posible invertir las tríadas colocando cualquier nota diferente de su fundamental en la parte inferior del acorde.

Por ejemplo (i), la fundamental está en el bajo, por lo tanto la tríada está en estado fundamental.

Por ejemplo (ii), la nota más grave de la tríada es la 3.ª, de modo que crea una tríada en 1.ª inversión.

Por ejemplo (iii), la 5.ª de la tríada está en el bajo, de modo que se crea una tríada en 2.ª inversión.

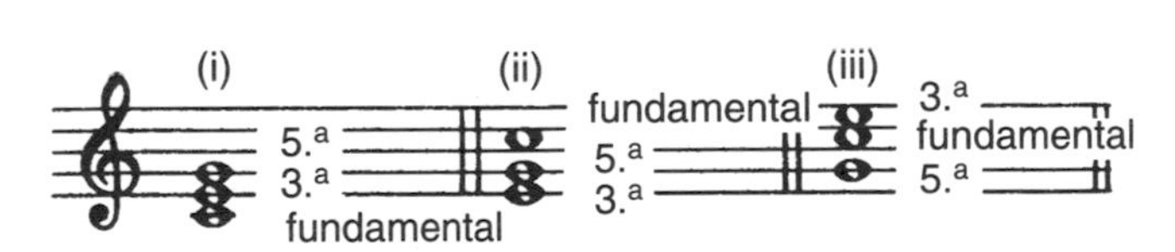

Cuando se usan los números romanos para describir las tríadas, se añaden letras pequeñas después del número para indicar la posición de la tríada. Posición de fundamental = a, 1.ª inversión = b, 2.ª inversión = c. En la práctica, sin embargo, siempre se omite la letra «a» en un acorde en estado fundamental y se usa sólo el número romano. En los ejemplos siguientes la tonalidad es Sol mayor y los acordes se han identificado usando sus números romanos y letras.

Las tríadas más importantes son aquellas cuyas notas básicas son la tónica, la dominante y la subdominante. Estas tríadas se llaman tríadas primarias.

Aquí están las tríadas primarias de Do mayor y de do menor armónica y sus inversiones.

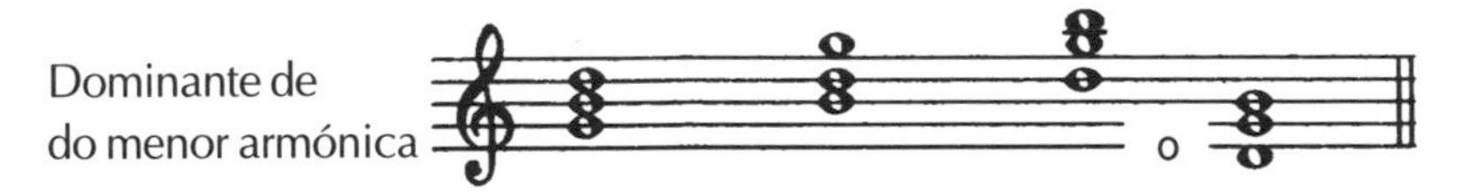

En una tonalidad menor armónica, cuando se usa una armadura, recuerde siempre asegurarse de que la sensible ha sido elevada un semitono. Si se hubiera usado una armadura, aquí se habría necesitado si ♮.

Preguntas

1. (a) ¿Qué es una tríada?
   (b) Escriba las tríadas tónicas de Do, Sol y Fa mayores en estado fundamental.
   (c) ¿Qué significa «estado fundamental»?
2. (a) ¿Qué es una tríada menor?
   (b) Escriba las tríadas tónicas de do, sol y fa menores.
   (c) ¿Cómo se forman las tríadas disminuidas?
   (d) ¿Cómo se forman las tríadas aumentadas?
3. (a) ¿Cómo invertimos una tríada?
   (b) ¿Qué son los intervalos en una tríada de primera inversión?
   (c) ¿Qué son los intervalos en una tríada de segunda inversión?
4. (a) Escriba las tríadas de primera inversión de Do, Sol y Fa mayores.
   (b) Escriba las tríadas de segunda inversión de do, sol y fa menores.
5. Identifique las siguientes tríadas como mayor, menor, aumentada o disminuida.

6. (a) ¿Qué son las tríadas primarias?
   (b) Escriba las tríadas primarias en las tonalidades de Do, Sol y Fa mayor.
   (c) ¿Cómo describimos las tríadas primarias en una tonalidad mayor, y por qué?
7. Escriba las tríadas primarias de Sol mayor y menor, con armadura y sus inversiones, y etiquételas usando números romanos y una letra para describir su posición.
8. Las siguientes tríadas están en la tonalidad de Sol mayor. Identifique cada tríada con un número romano describiendo en qué grado de la escala está basada la tríada, y la letra apropiada para describir la posición de la tríada.

VI

ritmos más avanzados

Tresillo

Las composiciones están constituidas por ritmos diferentes y requieren fórmulas de notación distintas. Una manera de hacer esto es recurrir al *tresillo*. Un tresillo es un grupo de tres notas tocadas en el tiempo en el que normalmente tocaríamos dos.

Podría convertirse en

que aún tiene dos tiempos en el compás, pero cada uno tiene un tresillo de tres corcheas, en lugar de las dos del primer ejemplo.

Indicaciones de compás compuesto

Usando el principio del tresillo:

podría convertirse en

El ritmo se ha hecho ahora más complicado. Así, si el compositor quiere emplear este ritmo desde el principio hasta el final de una pieza de música es mejor usar un compás que le proporcione un tiempo que él pueda dividir por tres. Este es un tiempo con puntillo.

Llamamos a tal tiempo con puntillo un *tiempo compuesto* y la indicación de compás que usa tiempos con puntillo se llama *indicación de compás compuesto.*

El tiempo compás compuesto, entonces, es el que usa tiempos con puntillo, y compás simple es el que usa tiempos sin puntillo.

se convierte en

Los números de una indicación de compás compuesto muestra cuántas figuras y de qué tipo hay en cada compás (por ejemplo, $\frac{6}{8}$ indica que hay 6 corcheas); pero, además, al dividir el número superior por 3 sabemos cuantos tiempos tiene el compás. Así, en el caso de $\frac{6}{8}$ tenemos 2 tiempos (6:3=2). En resumen: $\frac{6}{8}$ es un compás de 2 tiempos y 6 corcheas (por tanto, una negra con puntillo en cada tiempo).

En el caso del compás $\frac{9}{8}$ tenemos que en cada compás hay 9 corcheas, y que hay 3 tiempos por compás (9:3=3); por tanto, cada tiempo vale 3 corcheas (una negrita con puntillo). Pero hemos de tener en cuenta, como veíamos al comienzo, que esas 3 corcheas, tienen la misma duración que 2 corcheas en un compás simple.

Para encontrar a qué compás compuesto equivale uno simple, multiplicamos por 3 el número superior y por 2 el inferior. Y viceversa: para saber a qué compás simple corresponde uno compuesto, dividimos por 3 el número superior del compuesto y dividimos por 2 el inferior.

Así:

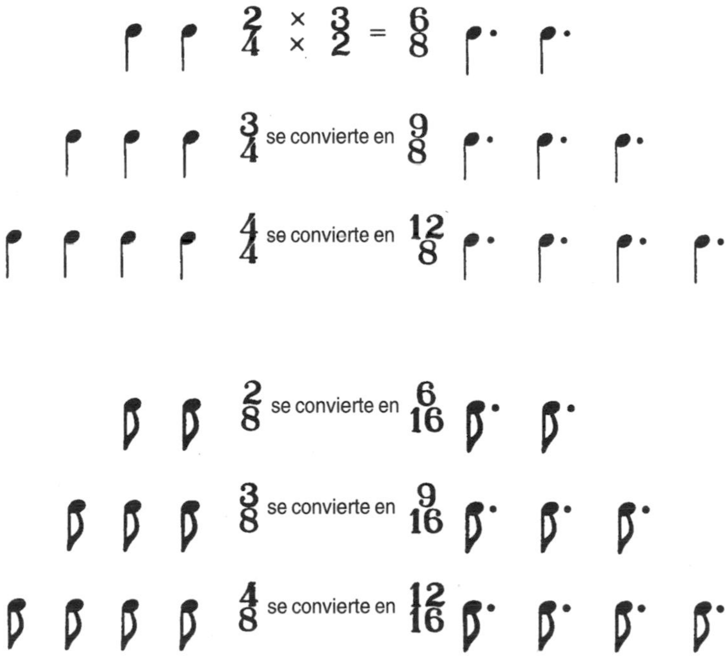

$\frac{2}{4} \frac{\times}{\times} \frac{3}{2} = \frac{6}{8}$

$\frac{3}{4}$ se convierte en $\frac{9}{8}$

$\frac{4}{4}$ se convierte en $\frac{12}{8}$

$\frac{2}{8}$ se convierte en $\frac{6}{16}$

$\frac{3}{8}$ se convierte en $\frac{9}{16}$

$\frac{4}{8}$ se convierte en $\frac{12}{16}$

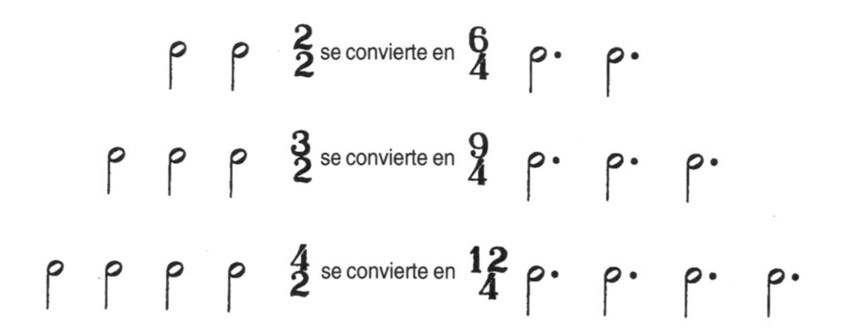

En un compás simple agrupamos las notas de tal forma que muestren el tiempo. En el compás compuesto, el valor del tiempo es con puntillo, por lo tanto, cada uso de las notas y las pausas debe mostrar este hecho. (Sólo deberíamos escribir negras si empiezan un tiempo.)

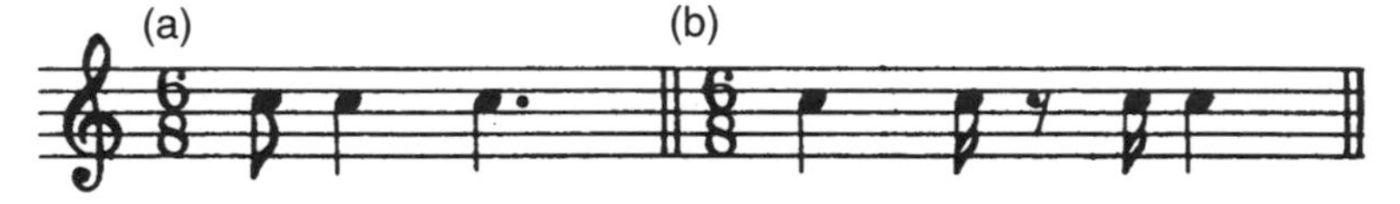

En (a) es mejor escribir la negra como dos corcheas, para mostrar el tiempo; debería escribirse:

de modo que se muestra claramente la periodicidad rítmica.

En (b) realmente hemos conseguido ocultar el tiempo, y deberíamos haber escrito

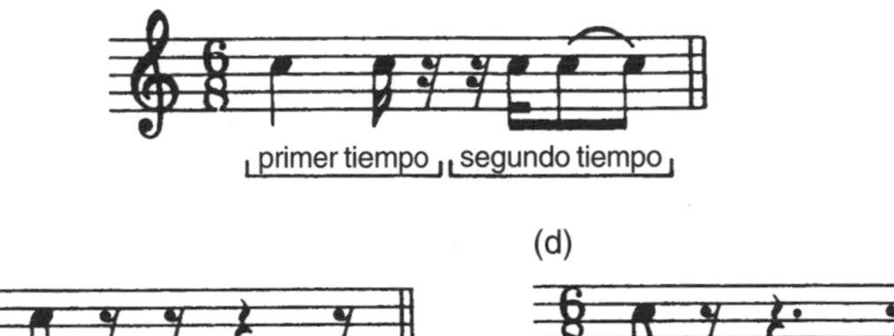

El ejemplo (c) es correcto, porque dos pausas de corchea se añadieron a la corchea para mostrar con toda claridad el primer tiempo de negra con puntillo. El compás se completó con una negra y una pausa de corchea; podríamos haber usado una pausa de negra con puntillo.

El ejemplo (d) es erróneo, porque los tiempos no están agrupados apropiadamente. El primer tiempo debe completarse antes de comenzar a agrupar el resto del compás, como en (c).

Analice lo siguiente:

(e)

Tres negras con puntillo en cada compás.

(f)

Dos negras con puntillo en cada compás.

(g)

Cuatro negras con puntillo en cada compás.

En el ejemplo (f) observe cómo se completa el compás. El primer tiempo se completa mediante dos pausas de corchea; una pausa de negra habría sido erróneo. No obstante, podemos usar una pausa de negra al comienzo del segundo tiempo.

En el ejemplo (g) observe las ligaduras para realizar el ritmo particular.

El hecho principal para entender tanto los tiempos compuestos como los simples es que deben ser claros. Si la división del compás en tiempos puede identificarse con toda claridad, todo está bien; si no, escriba de nuevo sus valores para hacer tiempos de acuerdo con su indicación de compás.

Se han usado otras indicaciones de compás. Holst ha utilizado $\frac{5}{4}$ en la suite *Los planetas*, opus 32. Bartók ha usado $\frac{7}{8}$, $\frac{5}{8}$ y $\frac{4}{8}$, todas dentro de cinco compases en su «Barcarolla» de la suite *Im Freien*. Constant Lambert ha utilizado $\frac{5}{4}$ en su *Río Grande*, una obra coral con solo de piano en estilo de jazz. Puede emplearse cualquier número de grupos con tal de que su estructura sea clara.

Agrupaciones

Anteriormente ya habíamos visto el tresillo; las notas pueden agruparse de muchas otras maneras. Cada agrupación tiene un nombre mediante el cual se puede identificar; a continuación están las principales.

Dosillo.

Una agrupación de dos notas que ocupa el tiempo de tres notas de la misma clase (sólo se encuentra en el tiempo compuesto).

Cuatrillo

Una agrupación de cuatro notas, corcheas o semicorcheas, que ocupa el tiempo del tiempo con puntillo principal (sólo se encuentra en el tiempo compuesto).

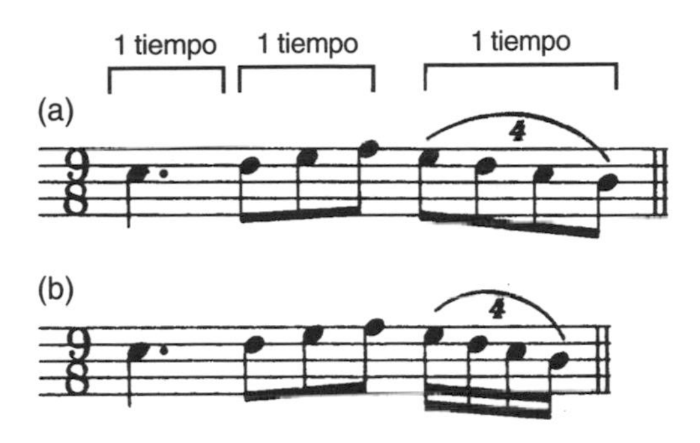

Cinquillo o quintillo

En el tiempo simple, una grupación de cinco notas que ocupa el tiempo de cuatro notas de la misma clase, como en el ejemplo (c). En el tiempo compuesto, una agrupación de cinco notas que ocupa el tiempo de tres notas de la misma clase, como en el ejemplo (d).

Seisillo o sextillo

Una agrupación de seis notas que ocupan el tiempo de cuatro notas de la misma clase.

Septillo
En el tiempo simple, una agrupación de siete notas que ocupa una agrupación de cuatro notas de la misma clase, como en (e). En el tiempo compuesto, una agrupación de siete notas que ocupa el tiempo de seis notas de la misma clase, como en el ejemplo (f).

Síncopa y contratiempo

Sabemos que las barras de compás muestran la fuerza del ritmo al ser colocadas inmediatamente antes de cada tiempo fuerte.

La primera nota del compás es fuerte y el resto débiles o semifuertes. Podemos alterar este orden escribiendo una nota donde aparecería un tiempo débil y prolongándola sobre otro

tiempo semifuerte, o por medio de ligaduras, que prolongan un tiempo débil o semifuerte sobre el tiempo fuerte:

o por medio del uso de pausas en lugar del tiempo fuerte, haciendo de este modo que un tiempo débil comparta el acento.

El primer y segundo caso de esta alteración del modelo normal de tiempos fuertes y débiles se llama *síncopa.* El tercer caso, *contratiempo.*

Nuestro conocimiento de los tiempos fuertes puede utilizarse para ayudarnos a poner barras de compás en una sección de música que no tiene barras. Este ejemplo tiene una indicación de compás de $\frac{4}{4}$, de manera que las dos negras y la blanca evidentemente llenan el primer compás. El compás siguiente incluye las cuatro corcheas y la blanca.

El tercer compás tiene las semicorcheas y las tres negras. La redonda llena el cuarto compás. No puede haber otras posiciones para las barras de compás, porque la redonda debe llenar un compás y éste establece las barras del mismo.

Lo más natural es que la blanca al final esté al comienzo de un compás (véase página 30). Trabajando hacia atrás, llegamos a la negra del comienzo.

Anacrusa

Cuando tenemos un compás incompleto al comienzo de una pieza de música le damos el nombre de *anacrusa*. Su valor se añade al del último compás para completar un compás entero.

Las ligaduras pueden ser necesarias; a menudo se escribe de lado a lado o a través de la barra de compás. Sólo puede unir notas del mismo registro.

Cuando no se da indicación de compás, primero debemos observar el agrupamiento de las notas. Estarán agrupadas en negras, negras con puntillo, blancas o blancas con puntillo, etc.

La blanca con puntillo en el final parece llevar el compás (desde luego, no la negra con puntillo que da comienzo a la notación). También, observamos que las notas están siempre agrupadas como negras. La indicación de compás, por lo tanto, no puede ser otra que $\frac{3}{4}$. Las barras de compás, por tanto, se interponen entre la nota cuarta y la quinta y, a partir de entonces, después del valor de los tres ritmos de negra.

En (b), evidentemente, tenemos un tiempo compuesto: el agrupamiento de las corcheas muestra que el ritmo es una negra con puntillo. La primera corchea, sola y desamparada, por supuesto, pertenece a la última negra, y la ligada al final. Así, la simple aritmética muestra que la indicación de compás es $\frac{6}{8}$: las barras de compás deben aparecer después de la primera corchea y luego entre la nota sexta y la séptima y, a partir de entonces, después del valor de los dos tiempos de negra con puntillo.

Preguntas

1. ¿Qué es un tresillo?
2. (a) ¿Qué queremos decir con una indicación de compás compuesto?
   (b) ¿Qué es un compás compuesto?
3. ¿Cuál es la diferencia entre compás simple y compuesto?
4. (a) ¿Qué indica el número superior de una indicación de compás compuesto?
   (b) ¿Qué indica el número inferior de una indicación de compás compuesto?

5. (a) ¿Cómo encontramos el número de tiempos en el compás compuesto?
   (b) ¿Cómo encontramos el valor de cada compás?
   (c) Escriba indicaciones de compás compuesto que tengan dos, tres y cuatro tiempos en cada compás.
6. (a) ¿Cómo encontramos la indicación equivalente de compás compuesto a partir de una indicación de compás simple?
   (b) ¿Cuáles son las indicaciones de compás compuesto equivalentes a estas indicaciones de compás simple?

$\frac{4}{8}$; $\frac{2}{4}$; $\frac{3}{4}$; $\frac{2}{2}$; $\frac{3}{2}$; $\frac{4}{4}$.

7. Escriba de nuevo lo siguiente, corrigiendo cada caso para mostrar los tiempos con claridad:

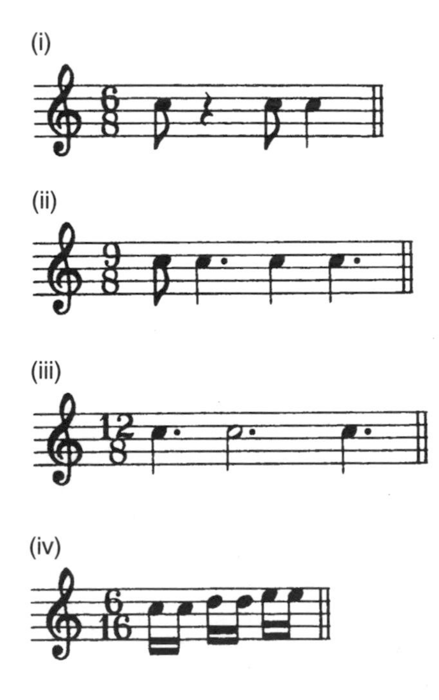

(v)

8. Corrija lo siguiente mostrando los tiempos correspondientes:

(i) (ii)

9. Complete los compases siguientes:

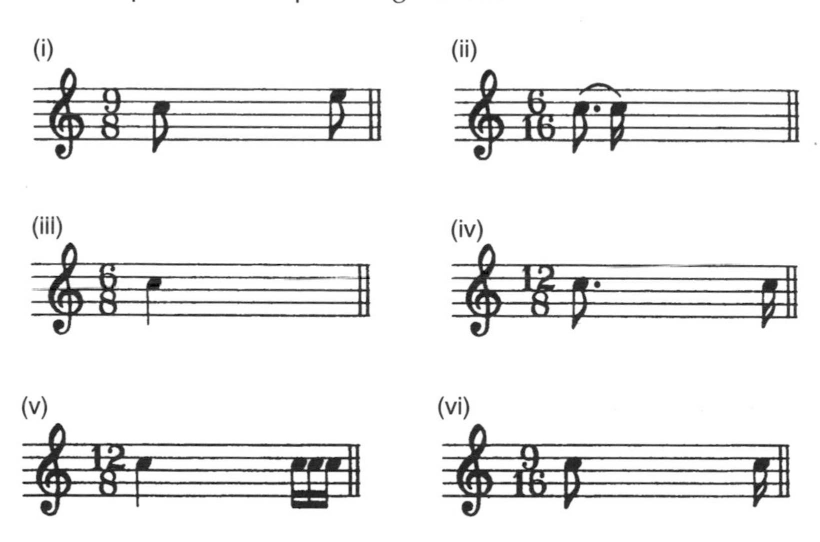

10. ¿Qué debe, en todo momento, quedar absolutamente claro, sin que importe qué signatura de compás se está usando?

11. Ponga las indicaciones de compás:

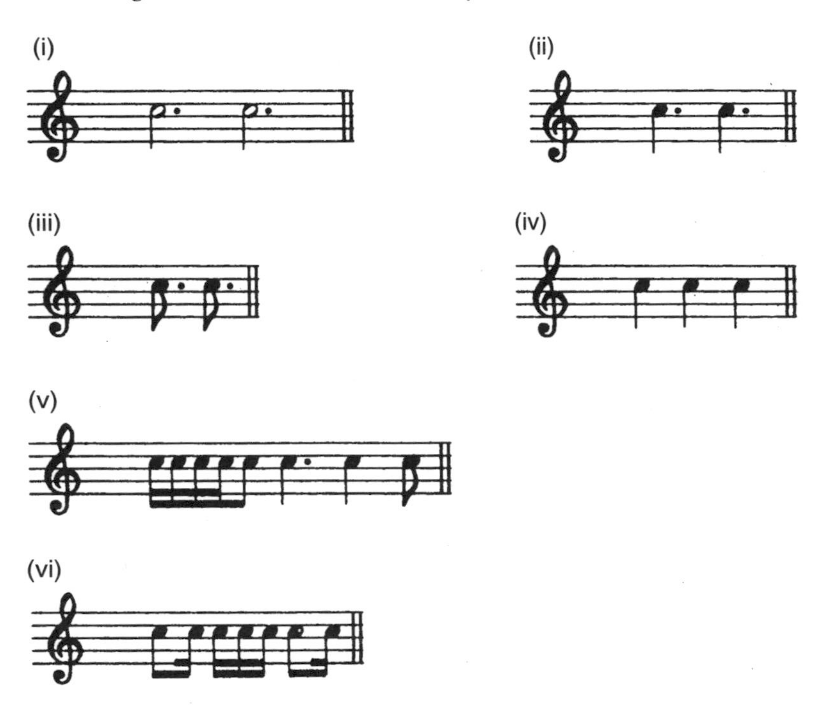

12. (a) ¿Qué es un dosillo, y en qué clase de indicación de compás aparece?
(b) ¿Explique qué significa la palabra cinquillo en el compás simple?
(c) ¿Qué significa la palabra cinquillo en el compás compuesto?
(d) ¿Qué es un cuatrillo, y en qué clase de indicación de compás aparece?
(e) ¿Qué es un seisillo?
(f) ¿Qué significa la palabra *septillo* en el compás simple?
(g) ¿Qué significa la palabra septillo en el compás compuesto?

13. ¿Qué significaría la evidencia de ritmos con puntillo por lo que se refiere al compás?
14. ¿Qué significa la palabra síncopa?
15. (a) ¿Qué es una ligadura?
    (b) ¿Puede una ligadura unir notas de diferente registro?
16. Cuando no hay indicación de compás, ¿cómo podemos decidir dónde poner las barras de compás?
17. ¿Qué es una anacrusa?

VII

armonía

La armonía es la principal característica que distingue a la música occidental de otros tipos de música propios de otras culturas. La armonía es la combinación de sonidos percibidos como simultáneos, y examina la relación entre las notas que constituyen los acordes, además del orden en que deben aparecer. Tales sonidos, como en toda música, deben estructurarse para ser tanto rítmicos como melódicos.

Acordes de 7.ª, 9.ª, 11.ª y 13.ª

Además de la tríada normal que puede usarse en la escritura amónica, es posible añadir otras notas a la tríada básica. Uno de los acordes más importantes es el de 7.ª. Esta nota por lo general se añade a la tríada dominante en la tonalidad apropiada.

En la tonalidad de Do mayor, el acorde de sol es el acorde dominante. El acorde de 7.ª dominante (V^7) se forma mediante el añadido de la nota 7.ª menor al acorde dominante.

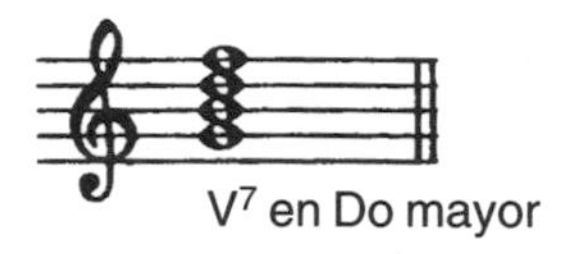
V^7 en Do mayor

Este acorde entonces se convierte en un acorde disonante y, por lo tanto, debe ser resuelto. El acorde de resolución es, por lo general, el acorde tónico.

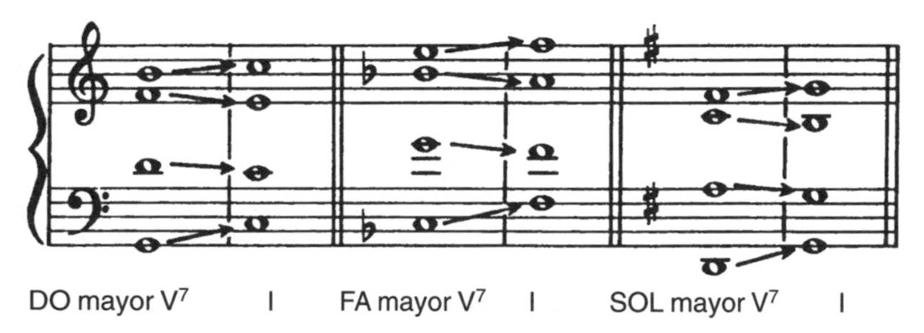
DO mayor V^7 I FA mayor V^7 I SOL mayor V^7 I

Observe cómo en cada caso la nota grave se eleva a la nota tónica; la 3.ª del primer acorde se eleva a la nota tónica del acorde siguiente, y la nota 7.ª siempre desciende a la 3.ª del acorde siguiente. La resolución de la 7.ª nota del acorde es particularmente importante y debería aplicarse siempre. También es posible añadir otra 3.ª al acorde de 7.ª dominante, en cuyo caso el acorde resultante se convierte en la 9.ª dominante (V^9).

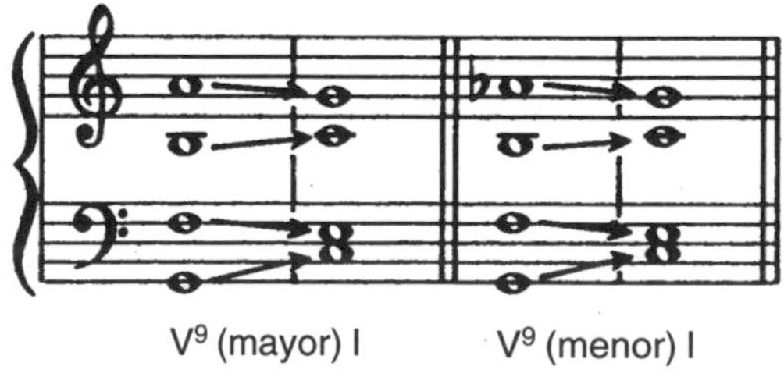
V^9 (mayor) I V^9 (menor) I

Si se fuera a añadir otra 3.ª, se formaría la 11.ª (V^{11}) dominante, y una 3.ª adicional crearía la 13.ª dominante (V^{13}).

Estos añadidos de terceras pueden escribirse en la tonalidad mayor o en la menor, y se suelen resolver hacia abajo, como las 7.as.

Algunas reglas armónicas

Un acorde derivado de una tríada se escribe mejor con cuatro notas o partes. Con un acorde de cuatro notas, una de las voces debe ser doblada (usada dos veces en el mismo acorde) puesto que una tríada consta sólo de tres notas.

Hay algunas reglas fundamentales que necesitan aprenderse antes de comenzar a escribir acordes en cuatro partes.

1. En los acordes en estado fundamental es aconsejable doblar la fundamental del acorde o la 5.ª, pero por lo general la 3.ª no.

2. En los acordes de 1.ª inversión (aquellos en los que la 3.ª es la nota más grave) dobla la fundamental o la 5.ª, pero no la 3.ª

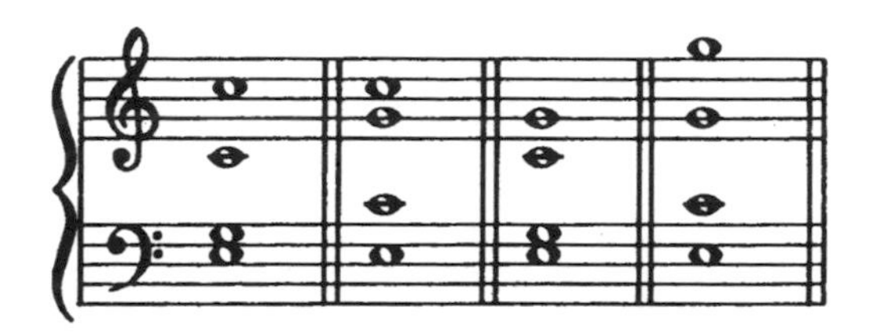

3. En los acordes de 2.ª inversión (la 5.ª es la nota más grave) siempre doble la 5.ª, pero nunca la 3.ª.

4. Dos partes nunca deberían continuar en 5.as u 8.as. Éstas se llaman consecutivas y no suenan armónicamente correctas. No obstante, esto es aceptable donde se repite la misma 8.ª.

Cadencias

Una cadencia es la conclusión de una frase, un motivo o una idea musical. Las cadencias son el equivalente musical de la puntuación en el lenguaje o la escritura.

Hay cuatro tipos principales de cadencias: auténtica, plagal, imperfecta e interrumpida.

1. La cadencia auténtica es de carácter conclusivo y consiste en la sucesión de acordes V-I o V^7-I .

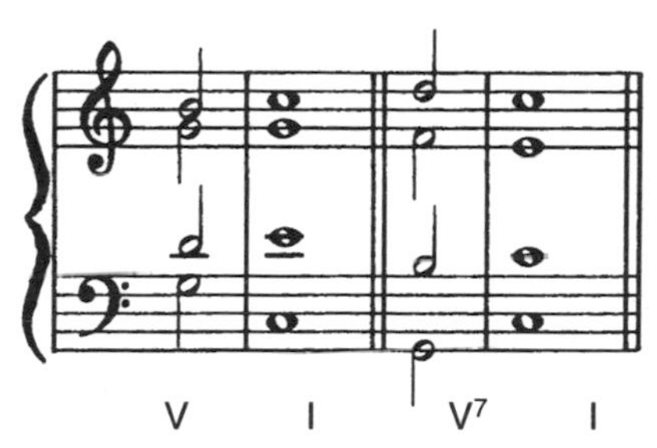

2. La cadencia plagal es una sucesión que acaba en el acorde de tónica (I), pero se llega hasta él desde un acorde que no es de dominante (normalmente IV-I).

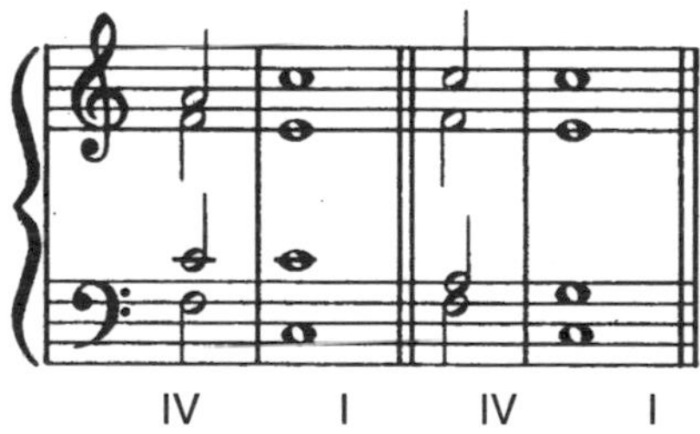

3. La semicadencia es una sucesión que reposa en un acorde que no es la tónica (aunque sea momentáneamente), normalmente en el V.

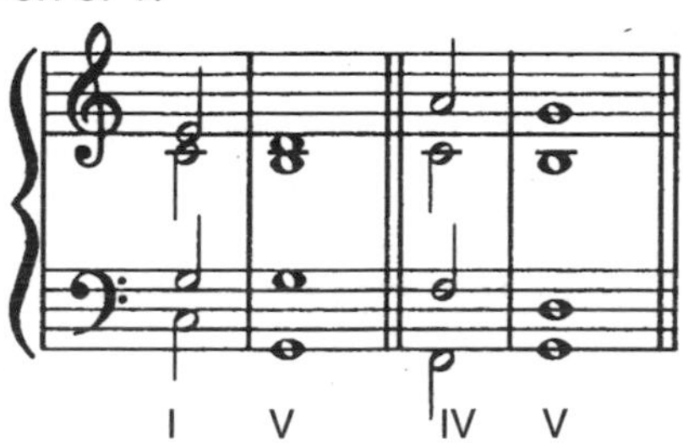

4. La cadencia rota suena al comienzo como si se fuera a interpretar una cadencia auténtica con el uso del acorde dominante, pero luego la música cambia por completo de dirección; la sucesión más frecuente es V-VI.

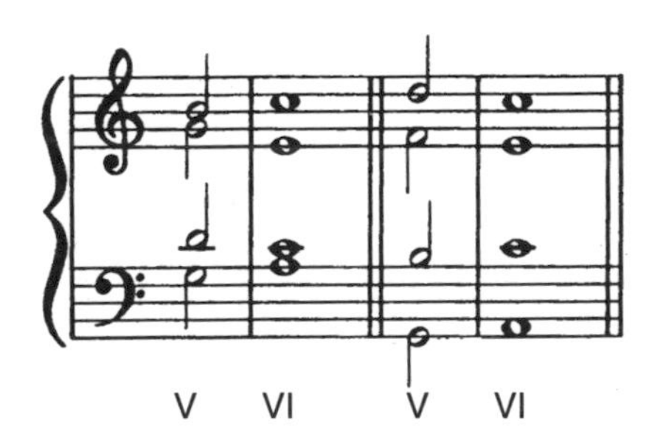

Hay otra cadencia que puede emplearse. Se llama cadencia frigia, y sólo se encuentra en la tonalidad menor. Usa los acordes IVb-V, y realmente es una cadencia perfecta en la tonalidad menor.

Normalmente el penúltimo acorde de una progresión cadencial está sobre un tiempo débil del compás, y el acorde final está sobre un tiempo fuerte. Una excepción a esto se da cuando se usa una *conclusión femenina*. Ésta puede aplicarse a cualquier cadencia, la diferencia es que el acorde final acaba sobre el tiempo débil del compás.

Otras maneras de escribir acordes

Es posible escribir acordes en una forma desplegada o arpegiada, así como todas las notas sonando al unísono. Aquí están algunos ejemplos. Una versión arpegiada de un acorde es aquella en que sus notas se usan en un orden ascendente o descendente.

Un acorde desplegado puede aparecer en una serie de formas.

Un tipo de escritura de acorde desplegado llegó a ser muy popular en la música de teclado del siglo XVIII. Se le dio el nombre del compositor italiano que la inventó, Domenico Alberti. El estilo se llama *bajo de Alberti.* En el clave, el órgano y el piano aparece en la mano izquierda, y utiliza tríadas repetitivas.

Acordes cromáticos

Un acorde cromático puede construirse a partir de un acorde diatónico añadiendo una o más alteraciones, pero sin cambiar la tonalidad. Así, en Do mayor, el acorde II puede convertirse en un acorde cromático transformando el acorde menor en uno mayor con la introducción de un fa♯.

Cuando, como en el ejemplo anterior, el añadido de una nota cromática hace al acorde mayor, con frecuencia se convierte en el acorde dominante en una progresión V-I. Cuando esto sucede, estos acordes, que funcionan como una dominante, se conocen como dominantes secundarios. No crean

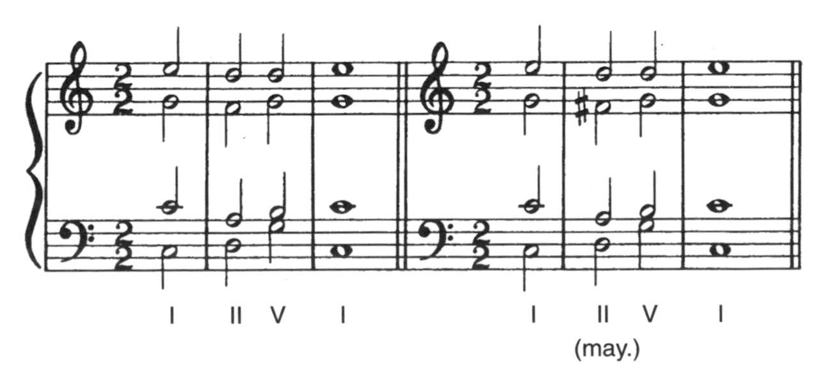

necesariamente una expresión propia de una modulación, tan sólo añaden color a las progresiones de los acordes. Pueden aparecer en los acordes II, III, VI y también en Ib.

El acorde de 6.ª napolitana

Ésta es la 1.ª inversión de un acorde mayor en una supertónica bemolada (♭IIb).

Aunque puede usarse tanto en tonalidad mayor como en menor, es más común que se use en las menores. Con frecuencia se encuentra relacionada con progresiones cadenciales, por ejemplo:

♭IIb-Ic-V-I en Do mayor.

I-♭IIb-V-I en do menor.

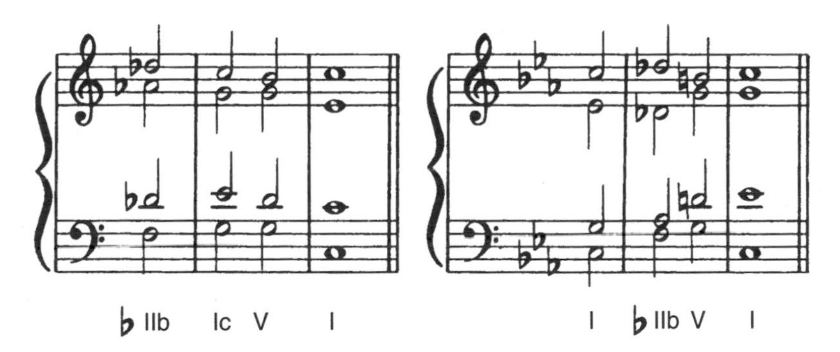

El acorde de 6.ª aumentada

Hay tres versiones del acorde de 6.ª aumentada. En su mayor parte aparecen en el grado de 6.ª menor de la escala. Puesto que es un acorde aumentado, debe resolverse. Por lo general las dos notas que forman el intervalo de 6.ª aumentada se resuelven hacia el exterior para formar una octava.

La 6.ª italiana consta de: 3.ª mayor y 6.ª aumentada por encima de la nota inferior.

La 6.ª francesa consta de: 3.ª mayor, 4.ª aumentada y 6.ª aumentada por encima de la nota inferior.

La 6.ª alemana consta de: 3.ª mayor, 5.ª perfecta y 6.ª aumentada por encima de la nota inferior.

El acorde de 6.ª alemana siempre es el primer acorde de una serie de tres, haciendo un acorde de acercamiento a la cadencia perfecta o interrumpida.

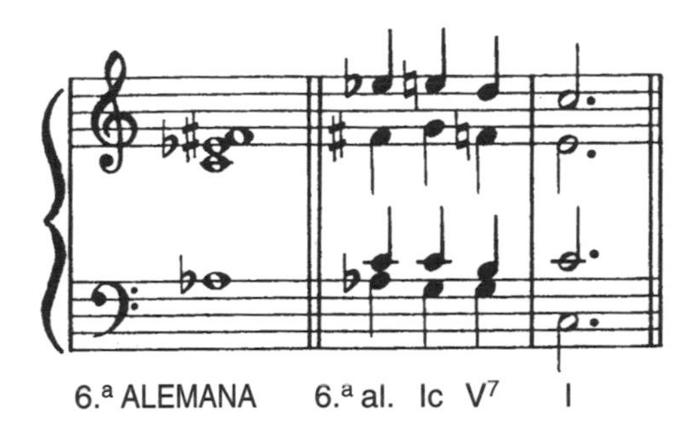

El acorde de 7.ª disminuida

El acorde de 7.ª disminuida consta de tres 3.ªs menores consecutivas.

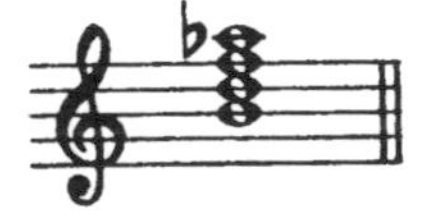

El acorde es disonante y debe ser resuelto, puesto que contiene no sólo el intervalo de 7.ª disminuida,

sino también dos 5.ªs disminuidas.

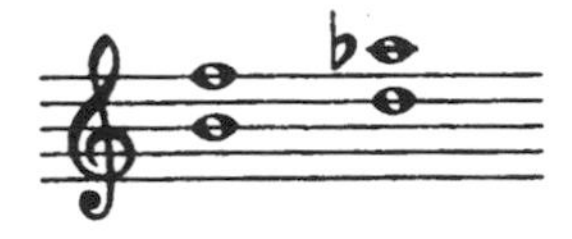

Para el intervalo de 7.ª disminuida es normal resolver hacia el interior para formar una 5.ª perfecta, y para los dos intervalos de 5.ª disminuida también resolver hacia el interior para formar una 3.ª mayor o menor.

Otras formas de notación

Los símbolos de números romanos que se han empleado hasta el momento nunca se usaron en la interpretación. En cambio hay dos maneras de notación usuales. Una deriva del jazz y la música «popular», la otra de un período de la música conocido como *barroco* (siglo XVII y mediados del XVIII), y se llama bajo continuo o bajo cifrado.

El propósito de estos dos tipos de notación es dar al intérprete información referente a los acordes que deberán usarse, mientras se permite la libre interpretación o decoración en la línea de la melodía o en los acordes.

Notación de jazz

Los acordes empleados en la música de jazz son, por lo general, simples. Las estructuras armónicas más complejas se obtienen mediante la improvisación sobre lo que ya está dado en la música.

El nombre del acorde es el mismo que el de la nota. Así se asume que el acorde es mayor, a menos que después del nombre de la nota se coloque una pequeña «m», lo que convierte al acorde en menor. Si después del nombre de la nota se usa un «+» o «aum.», entonces el acorde es aumentado, y si se usa una «o» o «dis.», entonces el acorde es disminuido.

Además, algunas veces se añaden notas al acorde básico que desea un compositor. Estos añadidos se muestran mediante un número junto al nombre de la nota. Por ejemplo, do^6 significa que debería tocarse un acorde de Do mayor (do, mi, sol) más la sexta nota desde do, que es la.

Cuando se usa el número 7 junto con el nombre de una nota, se refiere a la 7.ª menor del nombre de la nota (sol7= sol, si, re, fa). Si quisiéramos el intervalo de la 7.ª mayor desde el nombre de la nota, se escribiría como Sol may.^{7} (sol, si,♯re, fa).

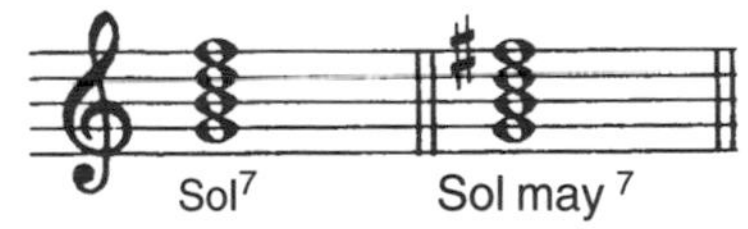

Algunas veces un compositor querrá especificar qué nota usar en el bajo. Esto se consigue escribiendo la descripción normal del acorde y colocando luego el nombre de la nota del bajo después de una barra oblicua (/); por ejemplo, dom/sol (se requiere un acorde de do menor con un sol en el bajo).

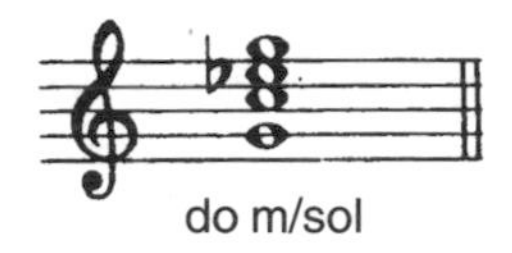

Bajo continuo y bajo cifrado

La característica principal de la música barroca es el uso de la técnica del bajo continuo, que consistía en el desarrollo progresivo de acordes que acompañaban una melodía. El bajo continuo consistía normalmente en un instrumento de teclado (clave u órgano) y un instrumento bajo de cuerda (viola de gamba o violonchelo). A ambos intérpretes se les daría una línea de música simple en clave de fa. El intérprete de teclado «realiza» la línea baja tocando la parte dada en la mano izquierda y añadiendo acordes superiores, mientras que el intérprete de cuerda sólo tocaría la línea baja.

El intérprete de teclado podría determinar qué acordes deseaba el compositor a partir de la línea baja, porque debajo de cada nota por lo común estaban escritos números. Estos números representaban los intervalos que las notas adicionales tenían que estar por encima de las notas bajas, de ahí que se llame *bajo cifrado.*

Tríadas en estado fundamental

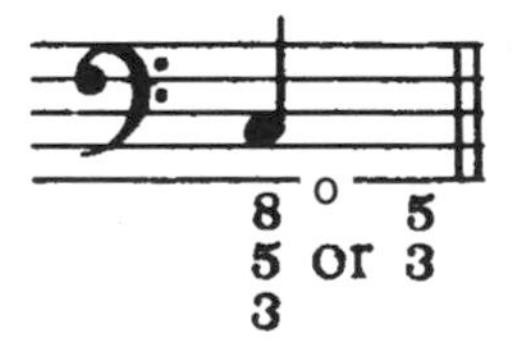

Esto significa que el acorde por encima de la nota baja consta de un do, 3.ª (mi) y la 5.ª (sol). Puesto que este estilo de escritura es una forma de taquigrafía, un acorde en estado fundamental también se reconoce por los números $^{5}_{3}$ o por no tener números debajo de la nota apropiada. Las notas adicionales pueden tocarse de muchas maneras.

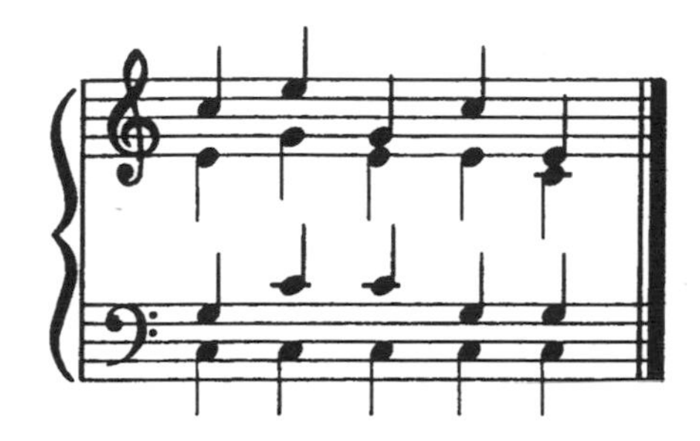

Acorde de 1.ª inversión

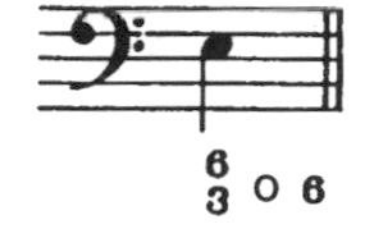

Esto significa que el acorde por encima del bajo (mi) consta de la 3.ª (sol) y la 6.ª (do). Es importante recordar que el mi en el bajo no debe doblarse, puesto que es la 3.ª del acorde básico de do en su estado fundamental. El do debería doblarse y el acorde formado puede tener este aspecto:

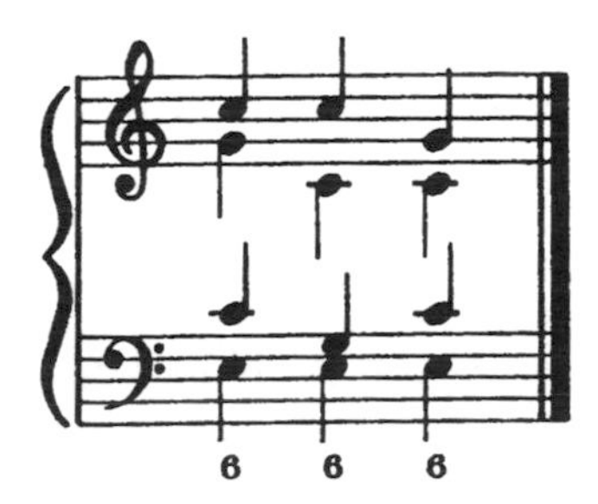

El acorde $\substack{6\\3}$ a menudo se escribe como un 6 debajo de la nota baja apropiada.

Acorde de 2.ª inversión

Esto significa que el acorde por encima del bajo (sol) consta de la 4.ª (do) y la 6.ª (mi). En este caso, el bajo debe doblarse. Cuando se armonizan pasajes de música, este acorde debería usarse con moderación, y generalmente sólo se encuentra en puntos de cadencia.

Acordes de 7.ª

Estos acordes tienen su propia númeración, puesto que usan una nota adicional (la 7.ª) a los acordes básicos que acabamos de analizar, y esta nota debe notarse en la numeración que aparece debajo del bajo.

Acorde de 7.ª en estado fundamental

Esto significa que la 3.ª (si), 5.ª (re) y 7.ª (fa) están tocadas por encima del bajo (sol). Es más común numerar este acorde simplemente como 7.

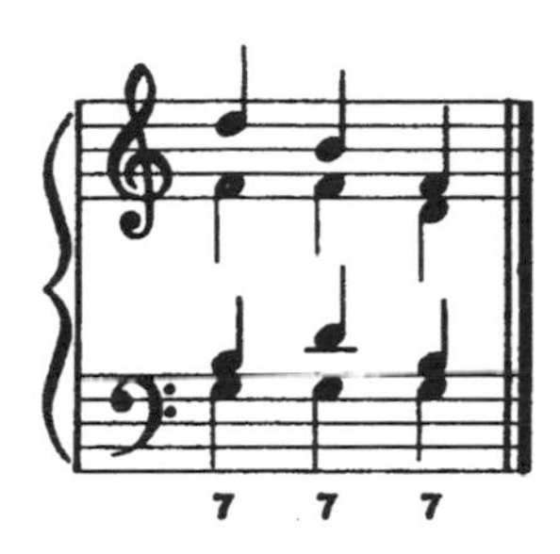

Acorde de 7.ª en 1.ª inversión

Esto significa que se tocarán la 3.ª (re), 5.ª (fa) y 6.ª (sol) por encima del bajo (si). Este acorde normalmente se escribe como $^{6}_{5}$.

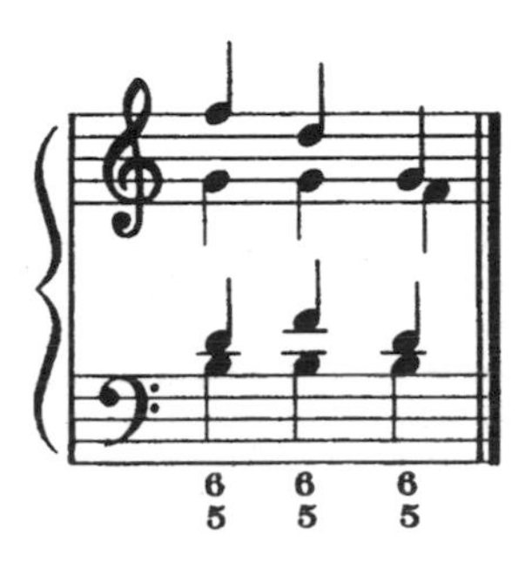

Acorde de 7.ª en 2.ª inversión

Esto significa que se tocarán la 3.ª (fa), 4.ª (sol) y 6.ª (si) por encima del bajo (re). Este acorde por lo general se numera $\begin{smallmatrix}6\\4\\3\end{smallmatrix}$.

Acorde de 7.ª en 3.ª inversión

Esto significa que se tocarán la 2.ª (sol), 4.ª (si) y 6.ª (re) por encima del bajo (fa). Este acorde por lo general se numera $\begin{smallmatrix}6\\4\\2\end{smallmatrix}$.

Alteraciones de la notación

Para escribir una alteración usando números, lo más normal es escribirla a la izquierda del número que simboliza la nota que se quiere alterar, pero también puede situarse a la derecha de éste. Si una alteración se escribe directamente debajo del bajo, ésta se refiere a la 3.ª nota por encima del bajo.

En los acordes de 1.ª inversión, donde la numeración normal es un 6, una 3.ª alterada cromáticamente se indica escribiendo la alteración debajo del 6.

Una barra (/) que atraviesa el 6 significa que la nota que forma una sexta respecto al bajo debería elevarse un semitono.

Un acorde de 7.ª disminuida se escribe como 7̸ para evitar la confusión con el acorde de 7.ª en estado fundamental.

Como regla general, para encontrar la fundamental de una tríada imaginaria, observe el número par más bajo del cifrado:

en estado fundamental, es el 8; por tanto la fundamental es la 8.ª ;
en 1.ª inversión la fundamental es la 6.ª;
en 2.ª inversión la fundamental es la 4ª.

Suspensiones

Una suspensión se produce cuando se retrasa el movimiento de una nota de un acorde, mientras que las otras notas cambian a un nuevo acorde y crean una disonancia debido a la nota ligada.

A continuación aparecen dos progresiones que usan los mismos acordes. No obstante, en la segunda progresión el sol está ligado por arriba al nuevo acorde, suspendido antes de resolverse hacia el fa♯.

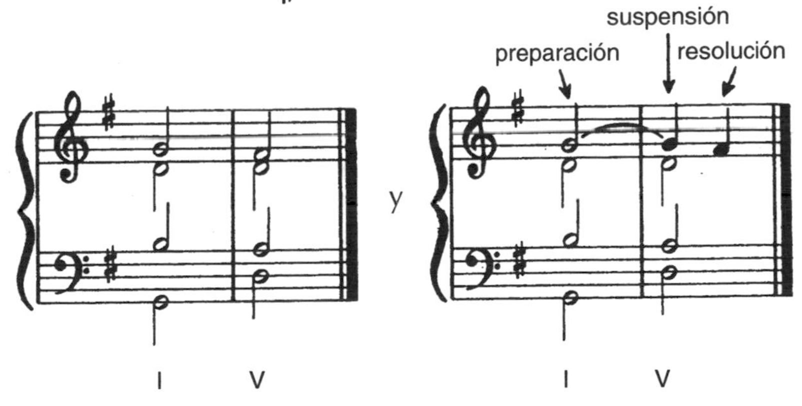

Hay tres notas involucradas cuando creamos una suspensión:

1. La nota de preparación, que siempre debe ser parte del acorde.
2. La suspensión, que es la misma nota ligada por arriba.

3. La nota de resolución, que siempre es parte del nuevo acorde.

La nota de resolución siempre se alcanza mediante un paso hacia abajo (una *suspensión verdadera*) o hacia arriba (conocida como un *retardo*). Los ejemplos que siguen muestran cómo los acordes se señalarían usando números. Recuerde que los números muestran los intervalos desde el bajo.

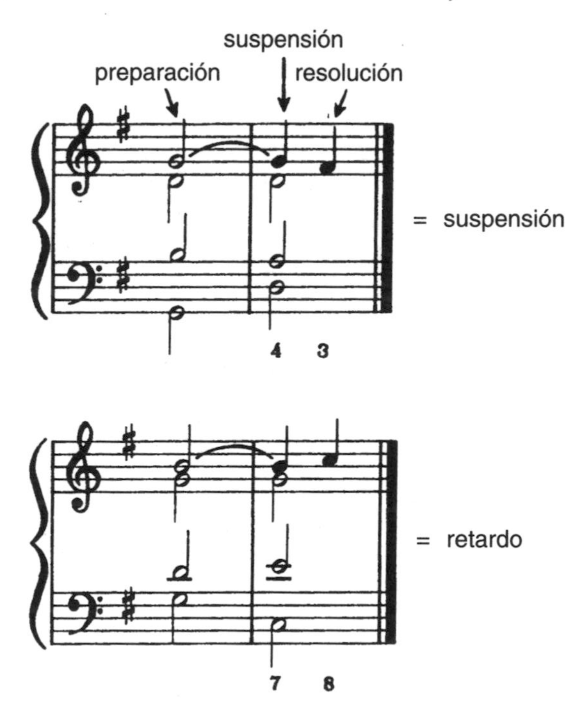

Notas de paso

Hemos visto los acordes y las notas que los forman. No obstante, en música, las líneas melódicas también se forman mediante el uso de notas que no forman parte esencial de la armonía de los acordes siguientes y, por lo tanto, añaden una pequeña disonancia a la música. Estas notas se conocen como notas de paso. Pueden aparecer en la línea de la melodía así como en la línea del bajo.

El tipo más simple de nota de paso es el que une dos notas que configuran una tríada aparte.

Más de una nota de paso puede aparecer entre dos acordes, y es bastante posible introducir notas de paso cromáticas además de usar alteraciones.

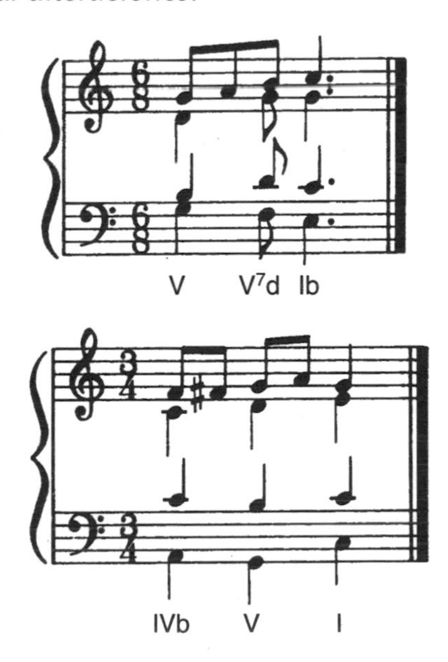

La secuencia

Una secuencia es la repetición inmediata de un modelo de notas a un intervalo más alto o más bajo. Puede aparecer en la línea melódica (secuencia melódica) o en los acordes (secuencia armónica), y también puede estar combinada en ambas.

Este recurso fue muy común en la época del barroco, cuando los compositores lo usaban para modular (cambiar de tonalidad) en la música.

El tipo de secuencia más popular consiste en usar un acorde en estado fundamental y hacer que le siga otro una 4.ª superior o una 5.ª inferior. Los corchetes (└──┘) muestran las dominantes secundarias que aparecen en este tipo de progresión (V-I), y pueden usarse junto con el cambio de tonalidad.

Modulación

Una modulación hace referencia a un cambio de tonalidad en la música. Para que se produzca, es necesario introducir la sensible (7.ª nota) de la nueva tonalidad, y completar la modulación con una cadencia perfecta en la nueva tonalidad.

En cada uno de los ejemplos siguientes el primer acorde es el «acorde puente». Este término se aplica a un acorde que puede relacionarse con ambas tonalidades, la tonalidad original y la nueva, de modo que actúa como un puente entre las dos tonalidades.

Tonalidad = Do mayor, modula a la menor.

Tonalidad = Do mayor, modula a Sol mayor.
Tonalidad = Do mayor, modula a mi menor.

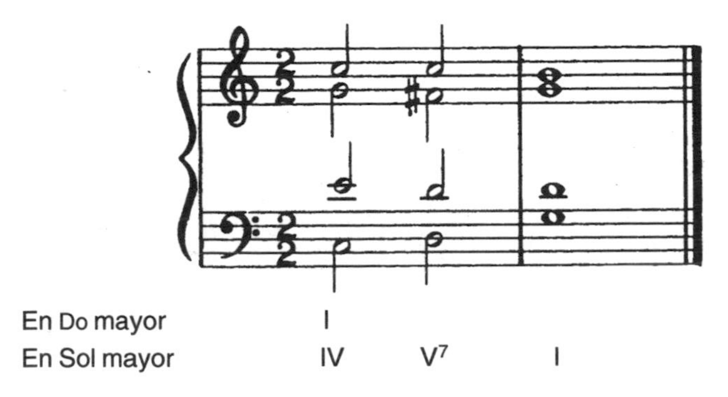

Tonalidad = Do mayor, modula a Fa mayor.

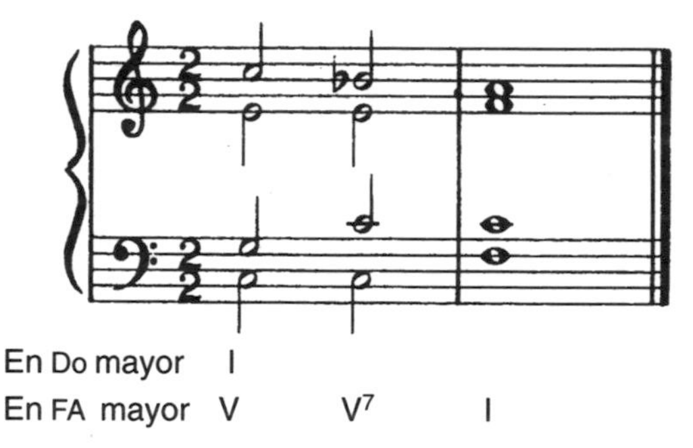

Tonalidad = Do mayor, modula a re menor.

Antes de modular es necesario decidir la nueva tonalidad. Cada tonalidad tiene dos tonalidades estrechamente relacionadas, la dominante y la subdominante. Estas tonalidades, combinadas con sus tonalidades menores relativas, forman las cinco tonalidades relacionadas.

Así, en Do mayor, las tonalidades relacionadas son:

Fa mayor (subdominante)   Sol mayor (dominante)
re menor (relativa de Fa mayor)
mi menor (relativa dc Sol mayor)
y la menor (menor relativa de Do mayor)

De modo similar, desde do menor:

fa menor (subdominante)   Sol mayor (dominante)
La♭ mayor (mayor relativa de fa menor)
Si ♭ mayor (mayor relativa de sol menor)
y mi ♭ mayor (mayor relativa de do menor)

Preguntas

1. Escriba los acordes de 7.ª, 9.ª, 11.ª y 13.ª dominantes en las tonalidades de Re mayor y re menor.
2. ¿Qué notas por lo general doblamos, en cada caso, cuando escribimos acordes en estado fundamental, primera inversión y segunda inversión?
3. ¿Qué dos tipos de intervalo debería evitar usar consecutivamente?
4. ¿Qué acordes forman lo siguiente?
   (i) cadencia auténtica;
   (ii) semicadencia;
   (iii) cadencia plagal;
   (iv) cadencia rota.

5. ¿Qué es la cadencia frigia?
6. ¿Cuándo se usa una conclusión femenina?
7. Nombre dos maneras de escribir acordes que se derivan de la forma de tríada normal.
8. ¿Cómo se forman las dominantes secundarias?
9. ¿Qué representa ♭IIb?
10. Hay tres acordes de 6.ª aumentada. Nómbrelos y diga las diferencias entre ellos.
11. ¿Qué intervalos se usan para formar el acorde de 7.ª disminuida?
12. En el pentagrama siguiente, escriba los símbolos correctos que identificarían estos acordes para un músico de jazz.

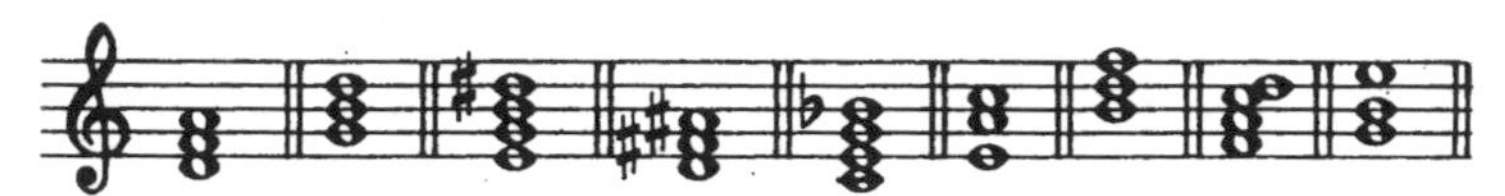

13. Numere los siguientes acordes usando correctamente el bajo continuo o cifrado.

14. Escriba los acordes que corresponden a estos números.

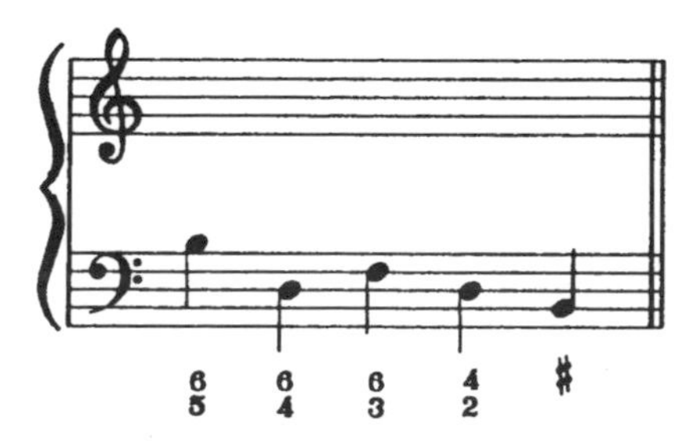

15. ¿Qué nombres se dan a las tres notas que se usan para formar suspensiones?
16. ¿Qué nombre recibe una suspensión que se resuelve hacia arriba?
17. ¿Qué es una nota de paso?
18. Complete los acordes de esta secuencia y escriba los símbolos de acorde.

19. Escriba las cinco tonalidades relacionadas con lo siguiente:
    (i) Fa mayor
    (ii) mi menor

VIII

escritura vocal
y
de las partes

Registros vocales

La voz humana puede dividirse en cuatro categorías principales:

soprano: aguda, femenina (un niño canta tiple);
contralto/alto: grave, femenina;
tenor: aguda,masculina;
bajo: grave, masculina.

Hay dos voces más: barítono y mezzosoprano. El registro de estas seis voces es el siguiente:

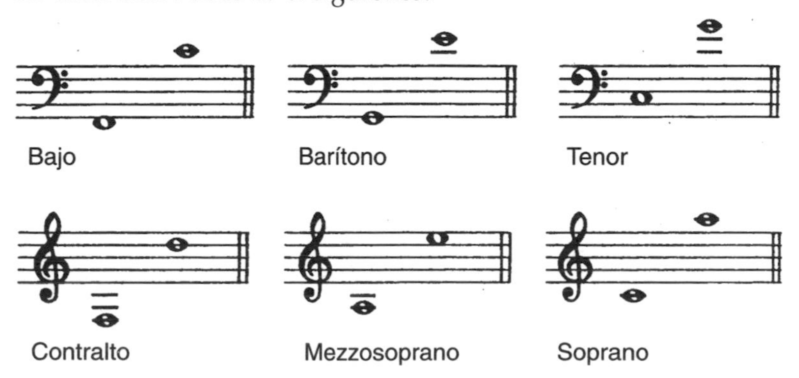

En un coro o cualquier conjunto de voces (o instrumentos), cada voz es llamada *parte*. En la escritura vocal el bajo y la soprano son las partes extremas, y el tenor y la contralto las centrales.

A continuación mostramos cuatro compases de una escritura vocal de cuatro partes . Observe la llave { que une ambos pentagramas; ésta implica que si se toca en un instrumento de teclado deberán tocarse ambos pentagramas.

A continuación se muestra cómo aparecería la música en una partitura vocal, sin reducción. La parte del tenor emplea la clave de sol, pero cantará una octava por debajo de lo indicado. Advierta que sólo se usa el corchete, puesto que las cuatro partes son cantadas por voces diferentes.

Cuando se escribe música para cuatro partes usando la partitura reducida, o para piano, las plicas de las notas de la contralto y el bajo deberán dirigirse hacia abajo. El unísono (varias partes que hacen la misma nota) puede necesitar dos plicas para que quede claro que las dos voces cantan lo mismo. Pero si la nota es una redonda escriba dos notas, una para cada parte.

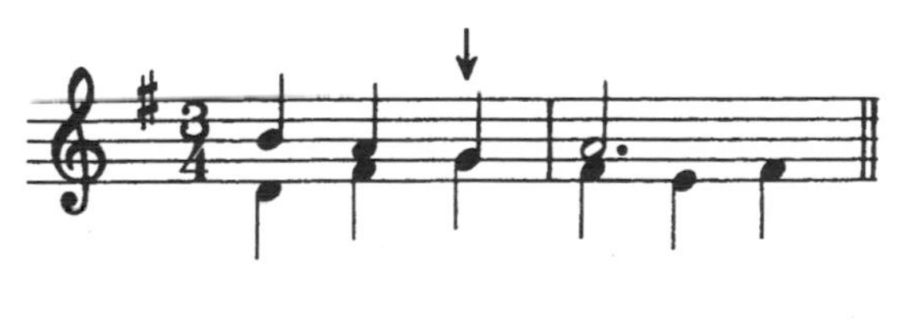

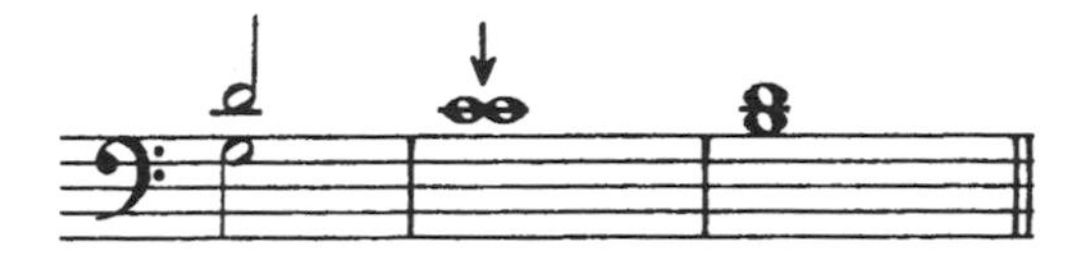

Cuando se escribe para cuatro partes en partitura vocal, las plicas deberán dirigirse hacia arriba o hacia abajo según su posición en el mismo. Por encima de la línea central: plicas hacia arriba; debajo de la línea central: plicas hacia abajo. En la línea central: hacia arriba o hacia abajo, según las notas que tengan cada lado.

Algunas veces a uno le pueden pedir que escriba en pentagrama abierto para un cuarteto de cuerdas. En este caso, las partes estarán escritas en: claves de fa, sol y do en 4.ª para el violonchelo; clave de do en 3.ª y sol para la viola; claves de sol para los violines segundo y primero.

Superposición

La superposición se produce cuando una parte pasa una nota por encima o por debajo de la parte junto a ella; por ejemplo:

Aquí la soprano comienza en el re y luego cae por debajo del sol, que se oye en la parte de la contralto en el acorde anterior.

Cruzamiento de partes

Se produce cuando una parte está por encima de la voz que normalmente es más aguda que ella, o cuando está por debajo de la voz que normalmente es más grave, como, por ejemplo:

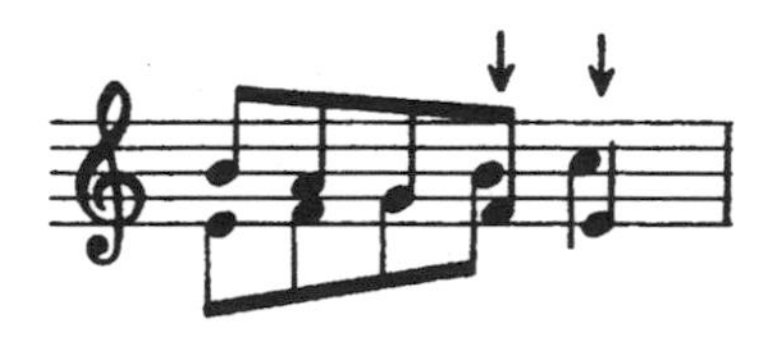

El cruzamiento puede presentarse en cualquiera de las partes, salvo entre las dos exteriores, pero por lo general está entre las dos partes verticalmente adyacentes.

Los compositores han usado este recurso muchas veces por razones técnicas, pero como regla armónica general, la superposición y el cruzamiento de partes deberá evitarse, ya que hacerlo empaña la línea melódica de las partes interesadas.

Preguntas

1. Nombre los cuatro registros de la voz humana y describa cada uno.
2. Dé el registro aproximado de las siguientes voces:

soprano	tenor	contralto
barítono	mezzosoprano	bajo

3. (a) ¿Qué nombre damos a las notas que toca un miembro individual de un conjunto (coro, cuarteto, etc.)?
   (b) ¿En qué orden vertical se encuentran impresas las notas para cada tipo de voz cuando están escritas para un coro a cuatro voces? Comience por la voz de sonido más bajo.
4. ¿En qué tipo de partitura está escrito lo siguiente?

5. (a) Escriba el ejemplo anterior en partitura abierta o vocal.

(b) ¿Qué clave usan hoy en día los cantantes contralto y tenor?

6. (a) Usando una partitura para piano, ¿cómo deberían escribirse las plicas de las partes de la soprano y el tenor?
   (b) Usando una partitura para piano, ¿cómo deberían escribirse las plicas de las partes de la contralto y el bajo?
   (c) ¿Cómo deberían mostrarse las notas unísonas en una partitura para piano?
7. (a) ¿Cómo deberían escribirse las plicas de las notas de una partitura abierta?
   (b) ¿Cuál es la diferencia entre las palabras unísono y octava?
8. Los cuartetos de cuerda siempre se escriben en partitura abierta. ¿Qué claves se usan para cada instrumento: violonchelo, viola, violines primero y segundo?
9. (a) ¿Qué se quiere decir con superposición?
   (b) Dé un ejemplo de superposición y explíquelo.
10. (a) ¿Qué se quiere decir con cruzamiento de partes?
    (b) Dé un ejemplo de cruzamiento de partes y explíquelo.
11. ¿Qué efecto perjudicial se puede provocar al permitir que las partes se superpongan?

IX

transporte

El transporte consiste en la transcripción de una composición, o de una parte de la misma, en un registro distinto del original.

Transporte entre claves

Éste es un ejercicio que sería más fácil de leer si estuviera escrito en clave de sol, debido a que carecería de líneas adicionales. En primer lugar, escribimos la clave de sol, luego fijamos la posición de la primera nota, que aquí da la casualidad de que es do. El resto sólo es cuestión de prestar atención para transcribir cada nota con cuidado en su lugar legítimo en la clave de sol.

En nuestros ejemplos no hay alteraciones, pero esta necesidad no nos causa problemas si tenemos cuidado al identificar la nota concerniente y pensamos en su registro. El error más común en el transporte de una clave a otra es transcribir en una octava incorrecta. Por ejemplo, (a) es el fa por encima del do central, y no el fa por debajo, como se muestra en (b); y en (c) el la está una 10.ª por debajo del do central, no como se muestra en (d), que está sólo a una 3.ª por debajo del do central.

Así que recuerde tener cuidado al fijar el registro de cada nota que escriba. Considere a qué distancia por encima o por debajo del do central se encuentra la nota que está transcribiendo. Considere la alteración causada por el uso de la nueva clave. Lea con mucha atención lo que se le ha encargado que haga. Tenga cuidado de no escribir una octava más alta cuando se le ha pedido que escriba de nuevo en un registro más bajo.

Podemos querer escribir el siguiente pasaje en la clave de sol para que suene una octava más aguda.

La primera nota es un do. Una octava más alta está el do central. El pasaje, entonces, sube la escala mayor mediante tono, tono, semitono, tono a sol, que se repite. La nota siguiente es un tono más alta, la, y luego cae mediante dos tonos a fa. Luego sube una 3.ª hasta la y desciende hasta sol. El siguiente pasaje consta de un tono inmediato inferior, una 3.ª menor abajo, un tono arriba, una 3.ª mayor abajo, un tono arriba, un tono abajo, un tono arriba, una 3.ª menor abajo y un semitono arriba.

De este modo, transportamos:

De manera similar, (a) escrito una octava más bajo se convierte en (b).

En primer lugar, con el fin de transportar, uno debe determinar la tonalidad del original, véase página 77.

El siguiente ejemplo está en Sol mayor. Podemos ver esto por la armadura: hay un sostenido, fa ♯, y la última nota es sol. Ahora podemos decidir la tonalidad del transporte que nos proponemos.

Transportemos arriba un semitono: esto significa que la nueva tonalidad va a ser La♭ mayor (no hay tonalidad de sol♯ mayor). Al mirar el original encontramos que la primera nota es la mediante de Sol mayor, así que nuestra primera nota –después de poner nuestra nueva armadura de cuatro bemoles– también debe ser la mediante que, en la tonalidad de La♭, mayor es la nota do.

Tras haber determinado nuestra primera nota, podemos continuar interválicamente para cada nueva nota. La segunda nota en Sol mayor está un tono por debajo de la primera nota. Para la segunda nota en el transporte, también debemos descender un tono, que, en nuestra nueva tonalidad, es si ♭.

Cuando estemos terminando, deberemos verificar nuestro trabajo examinando cada nota como hicimos con la primera. La primera nota es la mediante, ¿la hemos transportado por medio del uso de la mediante de la nueva tonalidad? La segunda nota es supertónica, ¿hemos usado la nueva supertónica? La tercera nota es tónica; ¿hemos usado la tónica de la nueva tonalidad? Y así sucesivamente.

Si se han usado alteraciones, el efecto de la nota alterada en el original debe reproducirse en el transporte.

El ejemplo anterior está en la tonalidad de re menor. La transportaremos un semitono hacia abajo, lo que significa que nuestra nueva tonalidad será do♯ menor.

En el original la primera nota era una 3.ª menor por encima de la tónica, de modo que en nuestro transporte –después de poner la nueva armadura– la primera nota también debe estar una 3.ª menor por encima de la tónica, que en do ♯ menor es la nota mi. Entonces podemos continuar para completar el resto del transporte de forma interválica para cada nueva nota. En el original, la segunda nota está una 3.ª menor por debajo de la primera nota: la tónica, de hecho. Así, la segunda nota de nuestro transporte también debe ser la tónica, que en do ♯ menor es do ♯.

El transporte puede continuar mediante un cambio interválico, pero es aconsejable verificar el transporte de las alteraciones mediante la comprobación de que el intervalo efectuado ha sido correctamente transportado.

Nuestro primer accidente aquí es si ♮ en el tercer compás. Éste, en la versión original, está un grado por encima de la nota anterior, así que en la versión transportada debe usarse un grado arriba a partir de sol ♯: la ♯. Como comprobación adicional, advierta que el si ♮ del original está una 6.ª por encima de la tónica; así, el transporte a la ♯ es correcto: está una 6.ª mayor por encima de nuestra nueva tónica.

Asimismo, con el do ♯: está un semitono por debajo de la nota anterior y es la sensible de la antigua tonalidad. Nuestro transporte debe estar un semitono por debajo de do ♯ y ser la sensible: si ♯ es correcto. Por último, el mi ♭: está una 3.ª disminuida por encima de la nota anterior y es la supertónica bemolada de la antigua tonalidad. En el transporte, por lo tanto, la nota correcta debe estar una 3.ª por encima de la nota anterior y ser la supertónica bemolada de nuestra nueva tonalidad. Re ♮ es lo correcto.

La necesidad de un doble sostenido o un doble bemol no produce dificultad alguna, sino que puede ser transportado exactamente de la manera que aquí se enseña: primero, comprobando qué intervalo forma respecto a la nota previa, y luego comprobando el que forma respecto a la tónica.

transportada una tonalidad abajo:

El doble bemol está un semitono por debajo de la nota anterior y también es una dominante bemolada, así que el transporte debe ser el mismo.

Instrumentos transpositores

Antes de dejar el transporte, debería saber que hay instrumentos para los cuales, por lo general, la música se escribe en otra tonalidad u octava que en la que suenan. Éstos se llaman *instrumentos transpositores* e incluyen muchos instrumentos de viento que no están afinados en una nota natural, como clarinetes en si ♭ mi ♭ y la, trompas en fa, trompetas en si ♭ y re, flautín (que suena una octava más aguda que la notación escrita), además del contrabajo (que suena una octava más baja que la notación escrita).

La necesidad de instrumentos transpositores se originó, en el siglo XVI, cuando sólo las notas naturales podían ser interpretadas por ciertos instrumentos de viento. Hoy en día estos instrumentos tienen válvulas y llaves que aseguran una afinación mejor y proporcionan un registro más extenso que los modelos anteriores. El principio básico es que aunque escribamos un do, realmente suena como la nota mencionada en la afinación del instrumento. Una trompeta en si♭, tocando un do escrito, suena si♭ (un tono más bajo que lo escrito). Una trompa en fa, tocando un do escrito, suena fa (una 5.ª más baja que lo escrito). La música para el contrabajo está escrita una octava más alta que sus sonidos para evitar usar muchas líneas adicionales: la nota inferior del contrabajo suena:

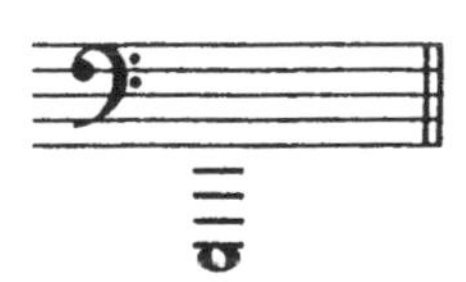

y está escrito:

Clarinete en si♭ — suena un tono más bajo que lo escrito.
Clarinete en la — suena una 3.ª menor más baja que lo escrito.
Clarinete en mi♭ — suena una 3.ª menor más aguda que lo escrito.
Trompeta en si♭ — suena un tono más bajo que lo escrito.
Trompeta en re — suena un tono más agudo que lo escrito.
Trompeta en do — *no* se transporta.
Trompa en fa — suena una 5.ª perfecta más baja que lo escrito.
Flautín — suena una octava más aguda que lo escrito.
Contrabajo — suena una octava más baja que lo escrito.

Preguntas

1. ¿Qué es transporte?
2. Antes de poder transportar una pieza de música a otro registro, ¿qué hecho debemos conocer?
3. ¿En qué tonalidad están los siguientes fragmentos?

(i)

(ii)

(iii)

4. Después de haber determinado la primera nota del transporte, ¿cómo debemos continuar?
5. ¿Cómo podemos comprobar la exactitud de nuestro transporte?
6. ¿Debe el intervalo de una tónica a una nota alterada ser el mismo en una versión transportada?
7. (a) Escriba de nuevo la siguiente melodía una octava más baja, usando la clave de fa:

(b) Escriba de nuevo la siguiente melodía una octava más aguda, usando la clave de sol:

8. (a) Escriba de nuevo esto una octava más alta, usando la clave de sol:

(b) Escriba de nuevo esto una octava más baja, usando la clave de fa:

9. Escriba de nuevo lo siguiente en un registro un semitono más alto. Use la nueva armadura y explique cómo es transportada cada nota.

10. (a) ¿Cuál es la tonalidad de los siguientes compases?

(b) ¿Cuál sería la nueva tonalidad si escribimos todo una 3.ª menor más aguda?

11. (a) ¿Cómo comprobamos el transporte de alteraciones?
    (b) ¿Es necesario usar alteraciones en la versión transportada del ejemplo 10 (a) si usamos armadura?
12. ¿Cómo transportamos un doble sostenido o un doble bemol?
13. Con una armadura, ¿cuándo aparecerá una nota accidental en la versión transportada de una pieza?
14. (a) ¿Qué se quiere decir con la descripción «instrumentos transpositores»?
    (b) Nombre tres instrumentos transpositores.
    (c) ¿Cómo está escrita la música para un contrabajo, y por qué?
    (d) Usando un pentagrama en registro grave, escriba la nota más baja que suena con el contrabajo, y luego la nota como se escribiría.
    (e) Escriba esto como si sonara tocado por un clarinete en si ♭.

X

ritmos con palabras

Puesto que una gran cantidad de la música es de carácter vocal, y como ésta usa palabras, ahora debemos aprender a escribir ritmos para ajustar las palabras.

«In the sea I caught a flea,
What a funny place for it to be.»

En primer lugar, debemos leer las palabras en voz alta varias veces, de manera que se encuentre el ritmo natural. Algunas palabras estarán más acentuadas que otras. Una manera de decirlas sería:

«*In* the sea I | *caught* a flea, |
What a funny place for | *it* to be.» ||

Sabemos que un tiempo (o acento) fuerte sigue siempre a una barra de compás, de modo que podemos poner las barras de compás en el ejemplo anterior.

En el primer compás tenemos cuatro palabras que son iguales, quizá cuatro negras podrían ajustarse. Luego, el segundo compás deben formarlo dos negras y una blanca. El tercer compás tiene cuatro sonidos rápidos y dos lentos, de manera que cuatro corcheas y dos negras ajustarán el compás. El cuarto es dos negras y una blanca. La indicación de tiempo es, evidentemente, $\frac{4}{4}$.

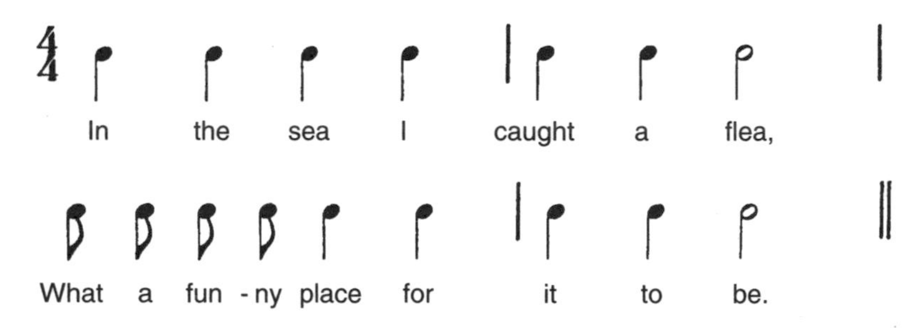

Aquí, casi todas las palabras tienen una nota; «funny», sin embargo, necesita dos, porque hay dos sonidos o sílabas en la palabra. Debemos tener cuidado de dar una nota a cada sílaba de cada palabra.

Este ejemplo tiene palabras con varias sílabas.

«I like walking, it makes me very fit.»

La palabra *walking* tiene dos sílabas, como *very*. No es la longitud de una palabra, sino los sonidos separados que hacemos cuando decimos la palabra, los que conforman las sílabas.

Diga la frase anterior varias veces y los acentos pueden caer como aquí:

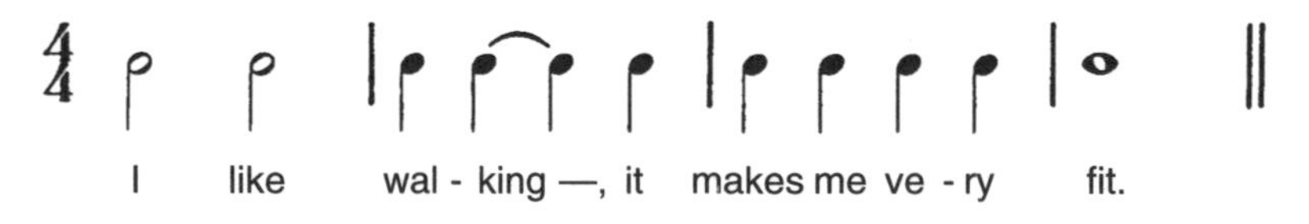

Advierta la síncopa en el compás dos y la manera en que escribimos las palabras, separando las sílabas con un guión.

La colocación de las palabras es fácil si se siguen ciertas reglas. Siga éstas:

(a) Lea varias veces las palabras hasta que una manera rítmica particular de decirlas se fije en su mente.
(b) Señale las palabras o sílabas acentuadas.
(c) Ponga una barra de compás delante de cada acento fuerte.
(d) Escriba una indicación de compás y comience a escribir el ritmo, asegurándose de que cada compás está completa y correctamente agrupado.
(e) Las corcheas y los valores más cortos deberán estar separados cuando cada nota es una sílaba diferente.

Preguntas

1. Ponga estas palabras en las melodías siguientes. Escriba cada sílaba exactamente debajo de la nota a que se refiere:

(i)
«Bobby Shaftoe's gone to sea.»

(ii)
«Oh dear, what can de matter be? Johnny's so long at the fair.»

(iii)
«Lucky Locket lost her pocket, Kitty Fischer found it.»

(iv)
«All the birds of the air were a sighing and a sobbing, when they heard of the death of poor Cock Robin.»

2. Escriba los valores de las notas para las palabras siguientes. Tenga cuidado de poner las palabras, o sílabas, exactamente debajo de las notas a las cuales intenta que correspondan:

   (i) «Mary had a little lamb, she thought it was a goat; it ended up as mutton chops and a sheepskin coat.»
   (ii) «Ant and Rabbit, Lamb and Mouse, Horse and Kangaroo; Chimpanzee and Ape and Rat – all are in the zoo.»

3. (a) ¿Cómo se escriben los valores de las corcheas y los valores más cortos cuando siguen los acentos rítmicos de las palabras?
   (b) ¿Cuál de estos modelos de notas (i o ii) se ajusta mejor a las palabras siguientes? Diga por qué.

«Some people like the sound of bells, some people cannot bear threm.»

(i)

(ii)

XI

fraseo

Como con todas las artes, la música consta de ciertas características equilibradas y contrastadas para formar un todo. Este equilibrio existe tanto dentro de la composición global, como dentro de cada parte componente, y aquí es necesario estudiar el equilibrio creado dentro de las melodías, pues éstas componen una de las estructuras esenciales de cualquier música.

Si examinamos una melodía famosa, como el principio del «Andante» de la sinfonía *La sorpresa* de Haydn, podemos ver el equilibrio entre las dos mitades de la melodía principal, que están descritas como A y B.

Existe un ritmo muy similar en ambas mitades, hay un principio idéntico para cada una de ellas, y sólo se hace alguna modificación en la segunda mitad.

Si deseamos añadir una continuación equilibraba y apropiada a una melodía, una práctica por lo general llamada *frase de respuesta,* debemos emplear el siguiente procedimiento: primero, empezar los compases usando el principio de la melodía dada. Por ejemplo, si la melodía dada es:

podemos continuar:

La próxima etapa es introducir una modulación, por lo general hacia la dominante (en este caso Sol mayor) si la tonalidad tónica es mayor. Al incorporar algunas características rítmicas del original nuestro añadido se convierte en lo mismo, en cuanto a longitud, que la porción dada.

De este modo la melodía completa es:

Podemos ver, por lo tanto, que cualquier fragmento que añadamos debe equilibrar la porción dada tanto en valores rítmicos como en longitud.

Para ser un poco más musicales podemos usar al comienzo de los compases que agregamos, sólo el ritmo del principio. Aquí el principio dado es:

Podemos añadir:

La melodía dada puede, por supuesto, modular a una tonalidad relacionada (a menudo la dominante o la mayor/menor relativa). Si lo hace así, es posible que se nos pida que escribamos un final apropiado para la melodía dada. En este caso debemos añadir música que nos devolverá a la tonalidad original.

La siguiente melodía, en la menor, modula a Do mayor en el compás octavo.

Esto puede identificarse de tres maneras:

compás 7 – Se usa un sol. Si la música estaba todavía en la menor su sensible (sol) debería haber sido sostenida.

compás 8 – La penúltima nota es un re. Éste pertenece al acorde de sol mayor, que es el acorde dominante de Do mayor.

añadido – Puesto que esta melodía modula a Do mayor es necesario tener una cadencia perfecta en la nueva tonalidad (V-I). Así, el acorde de Sol mayor será seguido por un acorde de Do mayor.

Si vamos a escribir un final apropiado a este principio debemos añadir otro compás, modulando hacia atrás hasta la menor. Recuerde que, con el fin de modular de una tonalidad a otra, debemos usar una nota extraña a la tonalidad original, pero ajustándola a la nueva tonalidad. En el ejemplo siguiente esta nota será un sol sostenido, la sensible de la menor.

En este final hemos añadido música que equilibra el principio en ritmo y longitud, pero también contrasta con él, usando el modelo de corchea/semicorchea con puntillo.

Puede que se nos pida que añadamos un final a una melodía que de hecho no modula en la parte dada. Si tenemos longitud suficiente, deberemos tratar de introducir, al menos, la idea de una tonalidad diferente, aunque de hecho no modulemos, antes de concluir la melodía.

Aquí hemos usado una referencia pasajera a re menor (usando un do ♯) para realizar un final más interesante.

En los compases 13 y 14 hay un recurso conocido como secuencia melódica. La melodía del compás 13 está repetida en el compás 14 un tono más bajo. Las secuencias pueden ser tan cortas como un compás o tan largas como una frase completa; el punto esencial es repetir el modelo melódico en un registro diferente. Si la melodía no es exactamente la misma, pero el ritmo es idéntico, usamos el término secuencia rítmica.

También usamos el término «secuencia» para hacer referencia a una progresión de acordes repetidos en diferentes registros. Ésta se llama *secuencia armónica.*

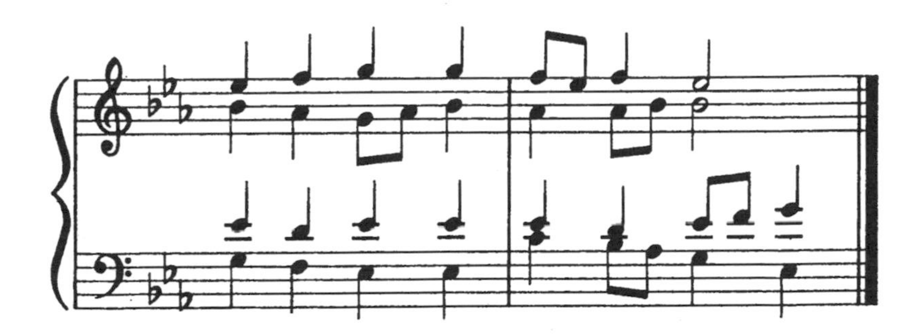

Preguntas

1. (a) ¿Qué dos características son esenciales en cualquier forma de arte?
   (b) ¿Cuál es una de las estructuras principales de la música?
2. Copie estas melodías y señale con A y B la frase de cada melodía:

3. (a) ¿Qué término usamos para describir la adición de una frase equilibrada y apropiada a una melodía?
   (b) ¿De qué manera podemos usar el principio dado para ayudarnos en nuestra conclusión de frase?
   (c) ¿Cómo podemos introducir algún interés en nuestro fragmento añadido?
   (d) ¿Qué debemos recordar cuando continuamos una melodía?
4. ¿De qué manera podemos ser más musicales y no limitarnos simplemente a copiar el principio de la melodía?
5. (a) Si la porción dada modula una tonalidad relacionada y vamos a añadir un final, ¿qué debe hacer nuestra melodía antes de concluir?
   (b) ¿Qué debemos hacer con el fin de modular con claridad?
6. (a) Añada frases de respuesta a estos principios:

(b) Añada finales apropiados a las siguientes secuencias:

(i)

(ii)

7. (a) ¿Qué es una secuencia melódica?
   (b) ¿Qué es una secuencia rítmica?
   (c) ¿Qué es una secuencia armónica?
   (d) Según la siguiente melodía, marque todas las secuencias e identifique su tipo como melódica o rítmica.

XII

ornamentación

La ornamentación se usa en música para decorar ideas musicales. En la música antigua la norma aceptada para el solista (instrumental o vocal) era añadir notas extras en la interpretación de ciertos pasajes de una composición. Éste era, en particular, el caso cuando una sección de música estaba repetida con el fin de hacer que la segunda se oyera más decorativa y, así, diferente de la primera vez. Tal de improvisación ornamentada dependía del poder imaginativo y la habilidad de ejecución del intérprete, y solía variar de interpretación a interpretación. Los compositores de los siglos XVI al XVIII estaban, en cierta medida, satisfechos de confiar la ornamentación de su música a intérpretes competentes, pero poco a poco estos signos fueron evolucionando hasta representar en la partitura una indicación establecida.

Algunos compositores modernos escriben por extenso exactamente qué es lo que pretenden que se toque. Sin embargo, otros usan los signos tipificados que se tratan a continuación.

La apoyatura

Este ornamento se escribe como una nota diminuta, ♪‿ que antecede a la nota principal. A diferencia del aspecto de la acciaccatura (véase página siguiente) es parte de la melodía. Pensando en la nota delante de la cual está colocada la apoyatura como la nota principal, la apoyatura toma la mitad del valor de una nota principal que es divisible por dos.

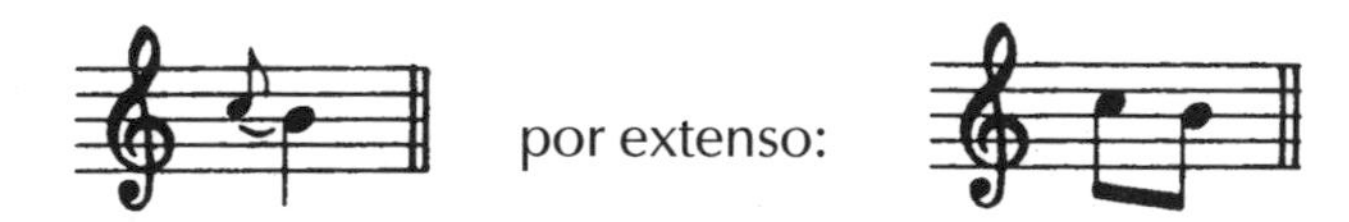

Si la nota principal es con puntillo (divisible por tres), la apoyatura toma dos tercios del valor.

Si la nota principal está ligada, la apoyatura toma el valor de la más larga de las notas ligadas.

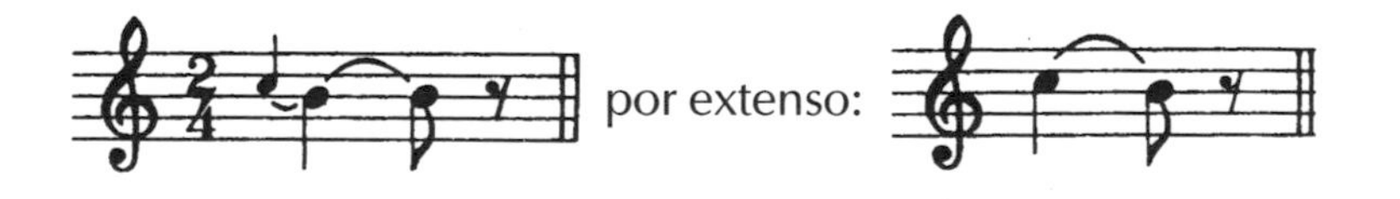

Cuando la apoyatura está escrita con un acorde, toma el lugar de la nota a la cual está unida por una ligadura.

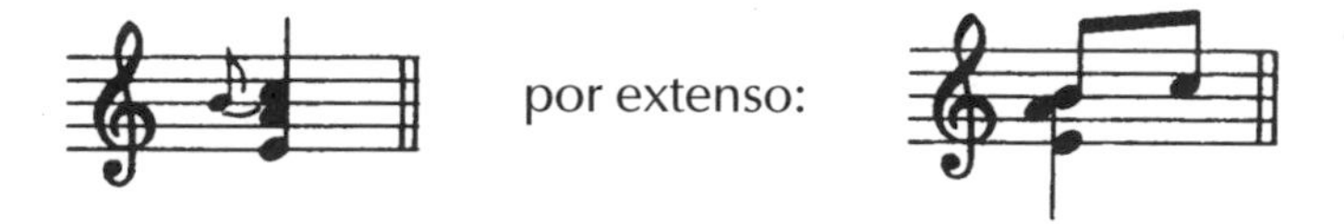

La acciaccatura (también apoyatura breve)

Éste es un ornamento escrito como una nota diminuta, como la apoyatura, pero con un trazo a través de su plica . La intención musical puede comprenderse al saber que acciaccatura procede de la palabra *acciaccare*: aplastar. En la interpretación una acciaccatura «aplasta» la célula ornamental, intentando que la nota principal (no ornamental) varíe lo menos posible su duración. La acciaccatura suele conllevar cierta anticipación sobre el tiempo de la nota principal (es decir, empieza en el final del tiempo anterior), sobre todo si la nota principal empieza en un tiempo fuerte.

Si quiere mostrar la acciaccatura por extenso, en un examen, se acostumbra a hacer quitando una fusa de la nota principal.

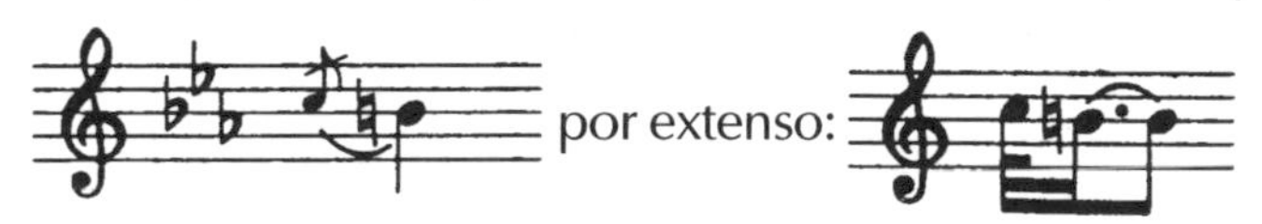

El mordente (Mordente superior) (Mordente inferior)

Son tres notas que duran el mismo tiempo que antes ocupaba sólo la principal:

(i) la nota principal;
(ii) la nota encima (para un mordente superior) o la nota debajo (para un mordente inferior);
(iii) la nota principal.

Mordente superior

Mordente inferior
(o mordente invertido)

Al escribir el mordente por extenso puede ser de ayuda recordar:

Para tempo más lento que allegro (véase página 229): parta por la mitad y ponga puntillo a la nota principal. Dé el valor que queda a las primeras dos notas del ornamento: (a).

Para tempo allegro o más rápido: parta por la mitad el valor de la nota principal y dé el valor que queda a las primeras dos notas del ornamento: (b).

Un doble mordente – o – simplemente repite el primer mordente. Los valores de las notas por lo general siguen la regla: parta por la mitad la nota principal y dé el valor que queda a las primeras cuatro notas del ornamento.

La nota superior o inferior (en un mordente superior o inferior respectivamente) es siempre diatónica para la tonalidad y está determinado por la armadura.

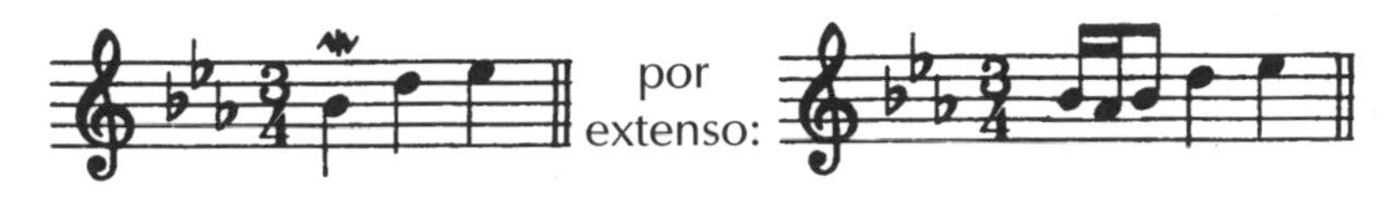

Para alterar la nota superior o inferior (según sea necesario) añadimos la alteración apropiada encima (o debajo) del signo para el ornamento.

El trino (o quiebro)

Un ornamento de dos notas, la nota principal y la nota de encima. Éstas se tocan rápidamente, una después de la otra, y están indicadas por las primeras dos letras de la palabra escrita encima de la nota principal.

La cantidad de alteraciones puestas en un trino depende del valor de la nota principal y el *tempo* de la música. Para un *tempo* inferior a *allegro,* use fusas. Para un *tempo* más rápido, use semicorcheas.

Un trino siempre debe finalizar en la nota principal a menos que esté seguido por una nota a una tercera superior.

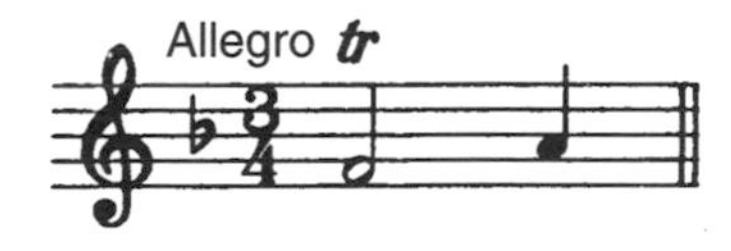

En este caso, omita la última repetición de la nota principal.

En la música de la época de Mozart el trino se comenzaba en la nota inmediatamente superior de la nota principal.

Esto produce un número par de notas, que finaliza en la nota principal.

En la música posterior, el trino se intenta que comience en la nota principal. Esto da por resultado un número impar de notas en el último grupo y, por lo tanto, la escritura de un tresillo, como vimos en el primer ejemplo de la página anterior.

Para hacer una versión musical, el tresillo cae en la primera, la segunda y la tercera de las últimas cinco notas.

Por supuesto, si la nota principal está inmediatamente precedida por una nota del mismo registro, no sería musical comenzar un trino en esa nota, sino en la nota de encima, como en los tiempos anteriores.

Si el trino está inmediatamente precedido por una acciaccatura, debe considerarse que esa nota es la primera nota del trino.

Si la nota principal está prolongada por un puntillo o una ligadura, el trino debería continuar para completar el valor total.

Cuando un compositor quiere que un trino finalice con un grupeto (véase página 194), escribirá la nota principal bien con su valor completo e indicará el grupeto mediante dos notas diminutas que pueden ser de cualquier valor, pero por lo general una semicorchea o una fusa; o bien mostrará las últimas dos notas de tamaño normal y restará su valor de la nota principal.

Si un grupeto se añade al final de un trino, las notas son del mismo valor y están agrupadas de la misma manera que en el trino clásico.

A menos que un grupeto esté indicado en una de las dos maneras antes señalados, no debe introducirse grupeto alguno.

Por lo general un trino, con o sin un grupeto añadido al final, usa notas diatónicas con respecto a la tonalidad de la música.

No obstante, algunas veces para cambiar la tonalidad (modular) un compositor altera la nota superior del trino colocando un un signo de alteración por encima del signo.

Advierta que, en el ejemplo anterior, el trino comienza en la nota superior (la práctica normal) y, debido a la velocidad, usa semicorcheas y son sólo cuatro notas... que suenan como un grupeto de cuatro notas (véase a continuación). Este ejemplo ha permitido al compositor modular de Re mayor a Do mayor.

El grupeto

Las notas de un grupeto dependen en gran parte del *tempo* de la música para determinar su valor. Hay muchas variaciones del grupeto, no sólo en cómo se toca, sino también cuándo se toca. El giro básico para el grupeto es ∾ ; no obstante puede invertirse, volverlo al revés, ∾ , e incluir notas accidentales. Un grupeto también puede colocarse directamente encima de una nota o entre dos notas. Éstas son las variaciones que un grupeto puede tener:

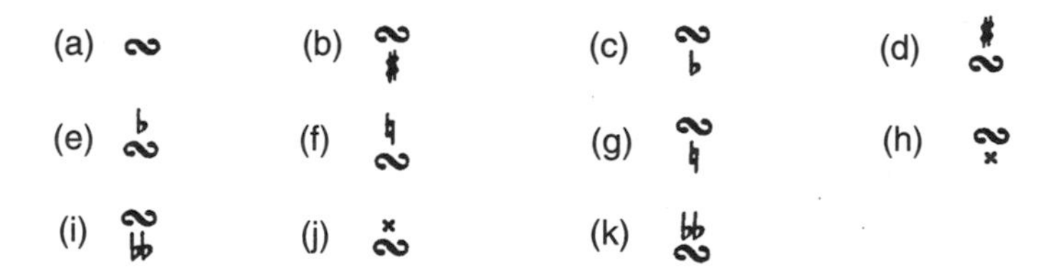

más los sostenidos, bemoles y naturales con el signo ∾ y cada una de éstos puede escribirse encima de una nota o entre notas:

El grupeto escrito encima de una nota

Si un grupeto está escrito encima de una nota, es interpretado como un grupo de cuatro notas en el siguiente orden:

(i) la nota encima de la nota principal;
(ii) la nota principal;
(iii) la nota inferior;
(iv) la nota principal.

Cualquier accidental escrito *encima* del signo altera la nota más alta del grupeto. Cualquier accidental escrito *debajo* del signo altera la nota inferior. Por lo demás, sólo se usan notas de la escala diatónica.

En la Sonata *para piano K. 279* de Mozart aparece un grupeto encima de una corchea.

Si el valor de la nota principal es una corchea o menor, el grupeto se escribe como cuatro notas iguales, la suma total de las cuales iguala el valor de la nota principal. Éste no se ve afectado por el *tempo* de la música.

Si la nota principal es una negra o o nota de valor superior, el valor de las notas del grupeto depende del *tempo* de la música. En un tempo lento (menos que allegretto), el grupeto es un tresillo de fusas unidas a una nota más larga para reunir el valor de la nota principal. En un tempo rápido (allegretto o más rápido), el grupeto es cuatro semicorcheas más cualquier valor de nota necesaria para reunir el equivalente de la nota principal.

Si la nota principal es con puntillo o doble puntillo, el grupeto se escribe todavía de acuerdo con las reglas de guía general antes expuestas. El valor del puntillo se añade simplemente como una nota ligada.

Hay una excepción a lo que hemos aprendido hasta aquí. Consiste en que cuando la nota principal está seguida por una pausa... entonces, sin hacer caso del tempo, se usa un tresillo.

El *grupeto invertido*, que se representa ∽ o ≀, se escribe de acuerdo con las reglas que hemos aprendido, pero las notas son:

(i) la nota inferior;
(ii) la nota principal;
(iii) la nota superior;
(iv) la nota principal.

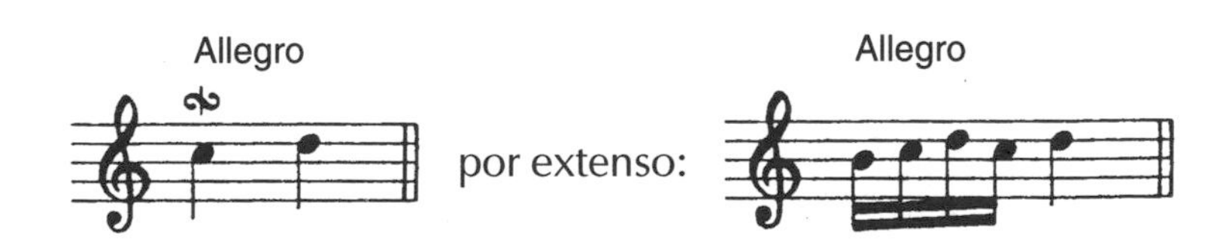

Hay una excepción para el grupeto encima de una nota que es un grupeto de cuatro notas. Si la nota principal ha sido precedida por una nota, más aguda o más grave, el grupeto completo será de cinco notas, comenzando en la nota principal.

En un tempo lento, cuando la nota principal es una corchea u otro valor inferior, convierte cada una de las cinco notas del grupeto en un cuarto del valor de la nota principal. Para hacer que estas cinco notas igualen el valor de la nota principal es necesario convertir las primeras tres notas en un tresillo: tres notas en el tiempo de dos. Cuando la nota principal es una negra o una nota más larga, el grupeto es cinco semicorcheas (las primeras tres de las cuales están escritas como un tresillo), la última se liga, si es necesario, a una nota o notas, para completar el valor de la nota principal.

En allegretto o en otro tempo más rápido con una nota principal de una corchea, escriba un cinquillo de semicorcheas; si es necesario, únalo a una nota más larga para reunir el valor de la nota principal.

El grupeto colocado entre dos notas

A una velocidad lenta, menos que allegretto: cuando la nota principal (la inmediatamente anterior al signo de grupeto) no tiene puntillo y es una negra u otro valor inferior, la primera nota del grupeto deberá tener la mitad del valor de la nota principal, y el valor de las cuatro notas que quedan deberá ser una octava parte del valor de la nota principal.

Por extenso:

A velocidad rápida, allegretto o más: cuando la nota principal no tiene puntillo y el valor es una negra o menor, escriba el grupeto como un cinquillo (cinco notas en el tiempo de cuatro de la misma clase), el valor de cada nota es una cuarta parte del de la nota principal.

Por extenso:

Notas principales más largas: con una nota principal sin puntillo de valor no más largo que una negra, decida cómo pueden acortarse las últimas cuatro notas por igual (use semicorcheas si el *tempo* es rápido y fusas si es lento) y dé el valor que queda a la primera nota.

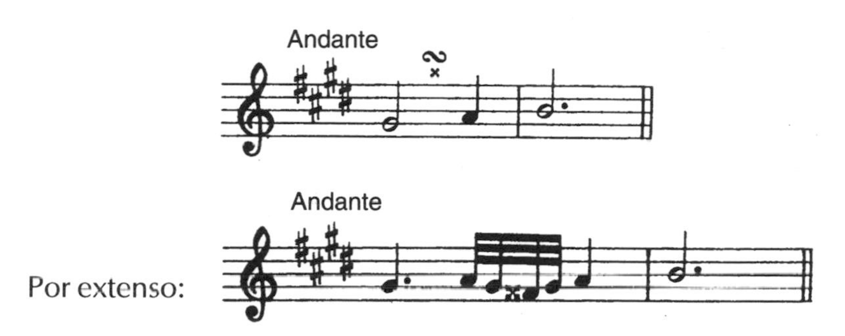

Notas principales con puntillo: cuando la nota principal es una nota con puntillo, debemos tener en cuenta si la totalidad y las partes de los valores están contenidos en el ornamento.

Si la nota principal ocupa un tiempo completo, dé a la primera nota el valor de la porción sin puntillo; las otras cuatro notas toman el valor del puntillo.

Si la ota principal es dos, tres o más tiempos, ligue el valor adicional delante del grupeto para conformar el compás.

Cuando la nota principal contiene parte de un tiempo, divídalo en tres partes. La primera y la última notas toman una tercera parte del valor del tiempo y la sección media se escribe como un tresillo.

Un grupeto invertido después de una nota deberá escribirse como:

(i) la nota principal;
(ii) la nota inferior;

(iii) la nota principal;
(iv) la nota superior;
(v) la nota principal.

Los valores de las notas obedecen a las diversas reglas ya explicadas.

Mordente de dos notas

Este ornamento consiste en una corredera o línea curva hacia arriba o hacia abajo entre dos notas, por lo general una tercera o una cuarta aparte. Se muestra mediante notas diminutas entre las notas de tamaño normal. Los valores dados al ornamento son como para el mordente:

En ocasiones se encuentran dobles apoyaturas (dos notas pequeñas escritas como para la apoyatura normal), como en el siguiente ejemplo. La doble apoyatura debe tratarse exactamente como el mordente.

Cuando el trino de un solo batido o la doble apoyatura están unidas al trino, deben incorporarse con los mismos valores de nota que el trino normal.

Duración de los ornamentos

Algunos ornamentos varían de acuerdo con la indicación del tempo. Cuando no hay tal indicación, la manera de interpretar una pieza dependerá del estilo y las convenciones de la época de la composición.

Preguntas

1. (a) ¿Por qué se usa la ornamentación en música?
   (b) ¿Cómo creaban ornamentos los cantantes y los instrumentistas del Renacimiento y el Barroco?
   (c) ¿Los compositores escriben los ornamentos por extenso?
2. (a) ¿En qué notación de valor debe escribirse la apoyatura?
   (b) ¿Qué valor se da a una apoyatura escrita delante de una negra en tiempo $\frac{4}{4}$?
   (c) ¿Qué valor se da a una apoyatura escrita delante de una blanca en tiempo $\frac{3}{4}$?
   (d) Escriba lo siguiente por extenso:

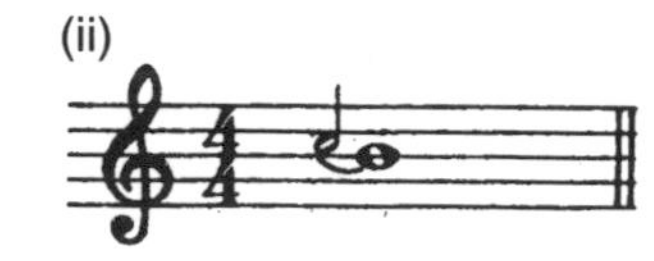

3. (a) ¿Qué valor toma la apoyatura cuando se escribe inmediatamente delante de una nota con puntillo?
   (b) Escriba lo siguiente por extenso:

4. (a) ¿Qué valor toma la apoyatura cuando se escribe inmediatamente delante de una nota ligada?
   (b) Escriba lo siguiente por extenso:

5. (a) ¿Cómo se escribe una apoyatura cuando precede inmediatamente a un acorde?
   (b) Escriba lo siguiente como debe tocarse:

6. (a) ¿Qué es una acciaccatura? Escriba una.
   (b) ¿Cuál es el origen de acciaccatura?
   (c) ¿Cómo se interpreta la acciaccatura: en, antes o después del tiempo?
   (d) ¿Qué efecto tiene la acciaccatura en la nota principal?
7. (a) ¿Qué valor damos, normalmente, a la *acciaccatura* cuando la escribimos por extenso?
   (b) Escriba las siguientes por extenso:

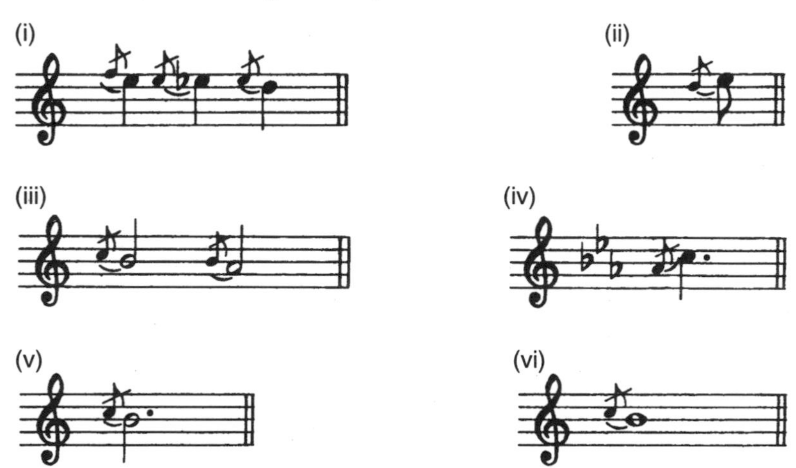

8. (a) ¿Cuál es la diferencia en apariencia entre la acciaccatura y la apoyatura?
   (b) ¿De qué otra manera se diferencia la apoyatura de la acciaccatura?
9. (a) ¿Cuál es el signo y cuáles las notas de un mordente superior?
   (b) ¿Cuál es el signo y cuáles las notas de un mordente inferior?
10. (a) Con tempo más lento que allegro, ¿cómo escribimos el mordente por extenso?
    (b) ¿Cómo escribimos el mordente por extenso con tempo allegro o más rápido?

(c) Escriba lo siguiente por extenso:

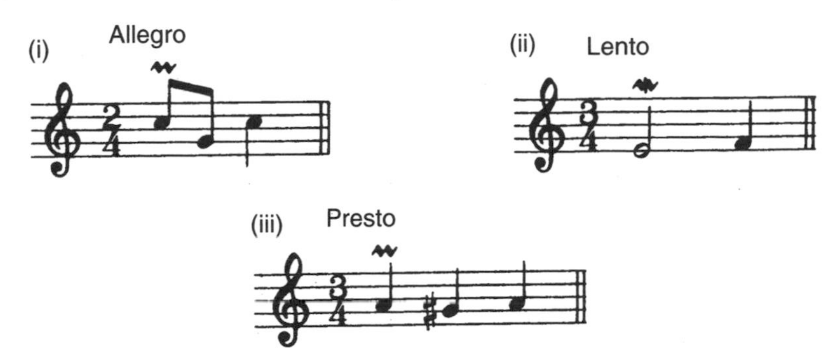

(d) Abrevie lo siguiente y sugiera una indicación de tempo apropiada:

11. (a) ¿Qué es un doble mordente?
    (b) Escriba signos para mostrar un doble mordente superior y un doble mordente inferior.
    (c) Escriba lo siguiente por extenso:

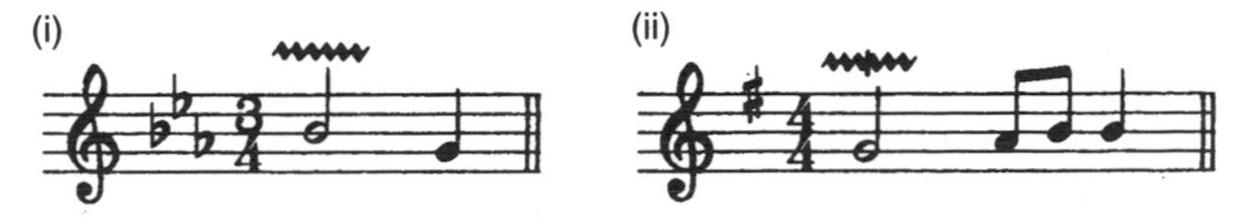

12. (a) ¿Cómo afecta una armadura a las notas de un mordente?

(b) ¿Cómo y por qué aparecería la nota superior o inferior de un mordente superior o inferior si se altera cromáticamente?

13. (a) ¿Cuál es el otro nombre para un trino?
(b) ¿En qué consiste un trino?
(c) ¿Cómo se interpreta un trino?
(d) ¿Cómo se indica un trino?

14. (a) ¿De qué depende el número de alteraciones en un trino?
(b) ¿Qué valores de notas deberán usarse para un tempo largo?
(c) ¿Qué valores de notas deberán usarse para un tempo de vivace?

15. (a) ¿En qué nota finaliza, por lo general, un trino?
(b) ¿Cuándo no finaliza un trino en esta nota?
(c) Escriba lo siguiente por extenso:

16. (a) ¿En qué nota comienza el trino en la música de Mozart y sus contemporáneos?
(b) ¿Qué es especial en cuanto al número de notas en un trino de esa época?

17. (a) ¿En qué nota comienza normalmente un trino?
(b) ¿Qué peculiaridad rítmica produce esto y por qué?
(c) ¿Dónde está escrito el tresillo?
(d) Escriba lo siguiente por extenso:

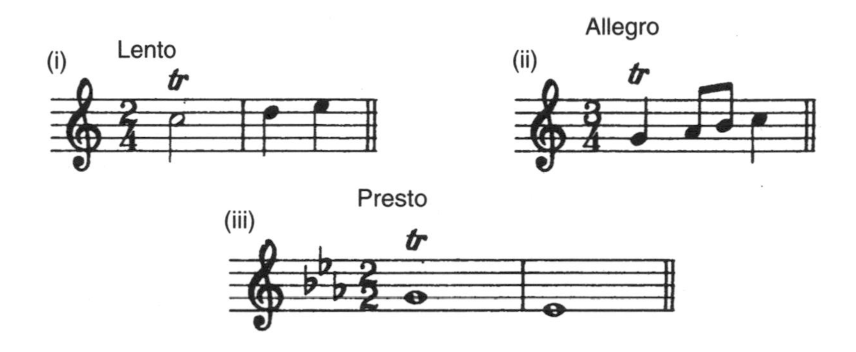

18. (a) Si la nota principal está precedida por una nota del mismo registro, ¿en qué nota deberá comenzar el trino? ¿Por qué?
    (b) Escriba lo siguiente por extenso:

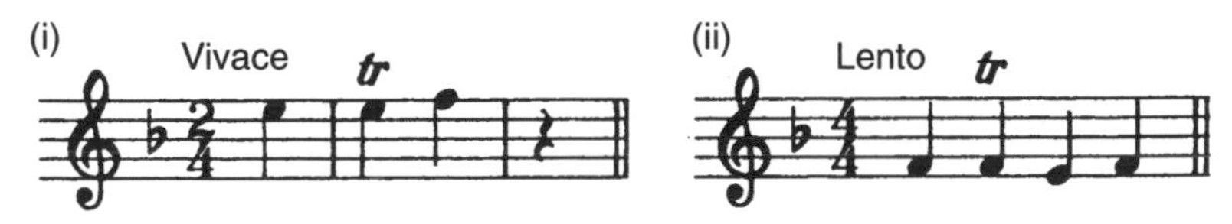

19. (a) ¿Cómo tratamos una acciaccatura cuando precede a un trino?
    (b) Escriba lo siguiente por extenso:

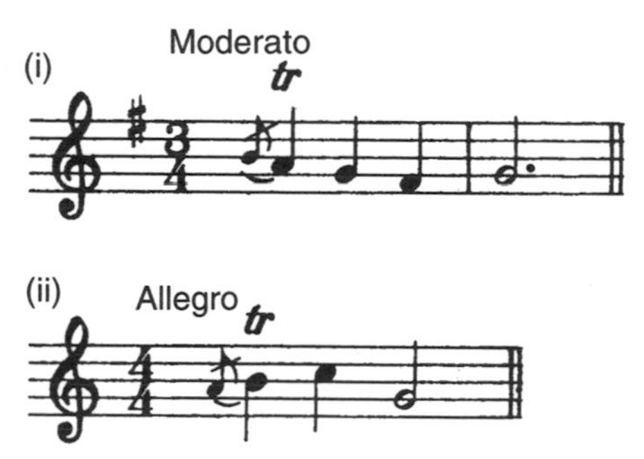

20. (a) Si la nota principal está prolongada de alguna manera, ¿durante cuánto tiempo deberá continuar el trino?

(b) Escriba lo siguiente por extenso:

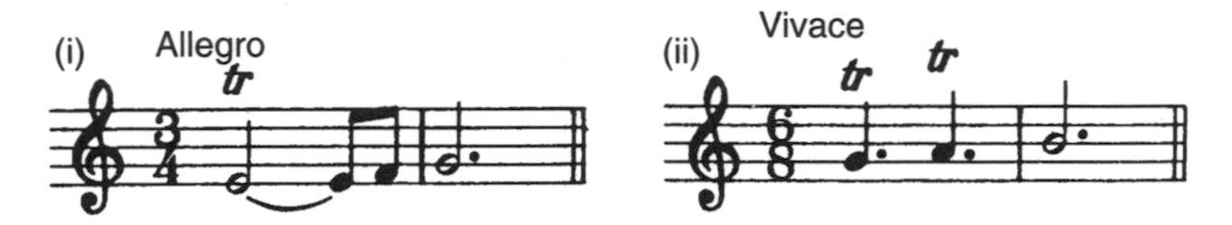

21. (a) Cite dos maneras en que un compositor indicará que quiere que un trino finalice con un grupeto.
    (b) Escriba lo siguiente por extenso:

22. (a) ¿Cómo se agrupan las notas cuando se añade un grupeto al final de un trino?
    (b) ¿Deberíamos siempre introducir grupetos no indicados por el compositor?
23. (a) ¿Qué debemos recordar cuando escribimos un grupeto al final de un trino en la sensible de una tonalidad menor?
    (b) Escriba lo siguiente por extenso:

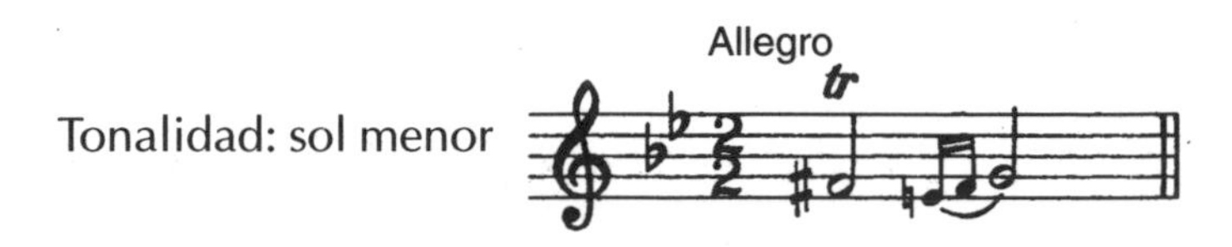

24. (a) Con o sin un grupeto, ¿cómo sabemos qué nota deberá alterarse con la nota principal para formar nuestro trino?
    (b) ¿Cómo puede un compositor alterar la identidad de la nota superior de un trino?
    (c) ¿Qué significa la palabra *modular*?
    (d) Escriba lo siguiente por extenso:

    (e) ¿Cuándo un trino puede sonar como un grupeto?
25. (a) Escriba tantas variaciones del grupeto como pueda recordar.
    (b) Si el grupeto tiene encima un sostenido, ¿cómo afecta éste la notación?
    (c) Si el grupeto tiene encima un bemol, ¿cómo afecta éste la notación?
26. (a) Si un grupeto está escrito encima de una nota, ¿cuántas notas debería contener el grupeto?
    (b) ¿Qué notas se tocarían si el grupeto estuviera encima de un do?
    (c) Escriba lo siguiente por extenso:

27. (a) Con una nota principal negra, ¿de qué depende el valor de las notas de un grupeto?
    (b) ¿Cómo se forma el grupeto de una blanca en un tempo lento?

(c) ¿Cómo se forma el grupeto de una blanca en un tempo rápido?

(d) Escriba lo siguiente por extenso:

28. Escriba lo siguiente por extenso:

29. Escriba lo siguiente por extenso:

30. Escriba lo siguiente por extenso:

31. Escriba lo siguiente por extenso:

32. (a) ¿Cuántas notas están contenidas en un grupeto escrito después de la nota principal?
    (b) En un grupeto así, ¿de qué depende el valor de la nota?
    (c) Escriba lo siguiente por extenso:

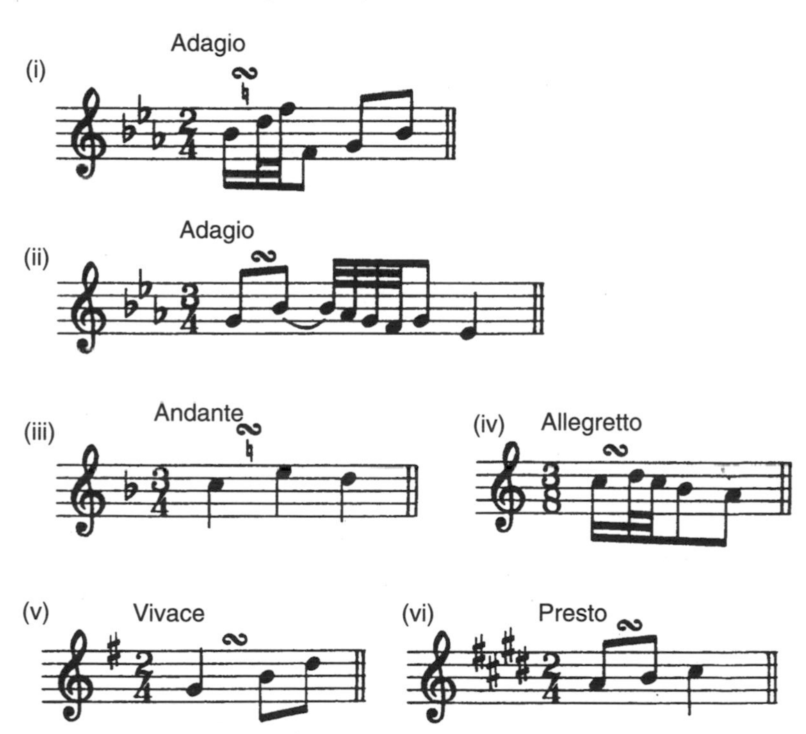

33. (a) Si una nota principal es más larga que una negra y está sin puntillo, y el tempo es rápido, ¿qué valores de nota deberían darse al grupeto?

(b) Si una nota principal es más larga que una negra y está sin puntillo, y el tempo es lento, ¿qué valores de nota deberían darse al grupeto?

(c) Escriba lo siguiente por extenso:

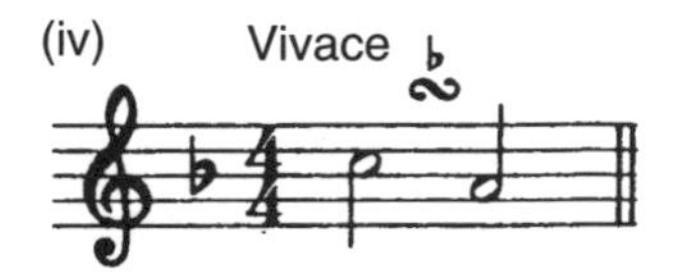

34. (a) ¿Qué debemos tener en cuenta cuando la nota principal de un grupeto está con puntillo?

(b) Abrevie lo siguiente:

(c) ¿Cómo debemos divivir el compás cuando la nota principal contiene parte de un tiempo?

(d) Escriba lo siguiente por extenso:

35. (a) ¿Cómo debemos proceder a escribir un grupeto de nota principal con doble puntillo?

(b) Escriba lo siguiente por extenso:

36. Escriba lo siguiente por extenso:

37. (a) ¿Qué es un mordente de dos notas?
    (b) ¿Cómo se muestra?
    (c) ¿Qué valores de notas deberíamos usar para dicho trtino?
    (d) Escriba lo siguiente por extenso:

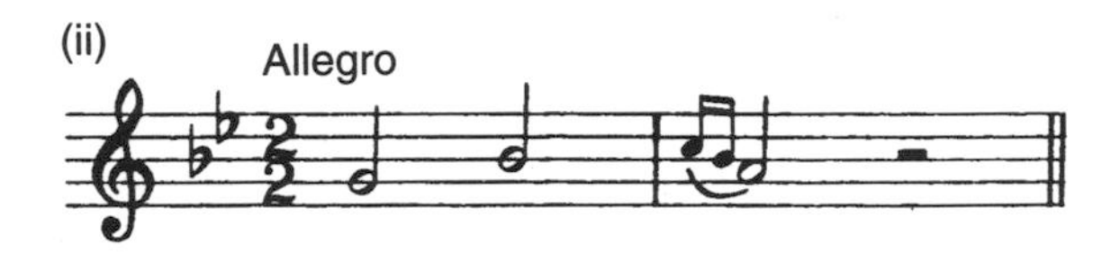

38. (a) ¿Cuál es el signo para una doble apoyatura?
    (b) ¿Qué valor damos a las notas de este ornamento?
    (c) Escriba lo siguiente por extenso:

39. (a) ¿Cómo debería tratarse el mordente de dos notas, o la doble apoyatura, cuando preceden a un trino?
    (b) Escriba lo siguiente por extenso:

40. En ausencia de una indicación de tempo, ¿qué es lo que nos guía en la decisión de cómo interpretar y escribir ornamentos que, por lo general, son distintos según el tempo?
41. Escriba los siguientes ornamentos por extenso:

(iv)

(v)
Moderato
tr
tr

(vi)
Allegretto

XIII

otras escalas y abreviaturas usadas en música

Modos

La escala mayor de do está constituida simplemente por las notas de piano blancas do, re, mi, fa, sol, la, si, do. Si empezamos en otra nota blanca, si, por ejemplo, y usamos sólo notas blancas para escribir nuestra escala, produciremos un modelo diferente de tonos y semitonos: de si a do hay un semitono, de do a re un tono, de re a mi un tono, etc.

Hace muchos siglos, los músicos solían componer música que se ajustara a estos modelos de tonos y semitonos. Usaban escalas que llamaban *modos*. Había siete modos básicos:

eólico	– TST TSTT	– como las notas blancas la a la;
hipodórico	– STT STTT	– como las notas blancas si a si;
jónico	– TTS TTTS	– como las notas blancas do a do (que no es nuestra escala mayor);
dórico	– TST TTST	– como las notas blancas re a re;
frigio	– STT TSTT	– como las notas blancas mi a mi;
mixolidio	– TTS TTST	– como las notas blancas sol a sol.

A éstos se añaden aquellos que tienen el mismo modelo de tonos y semitonos, pero que comenzaron en una nota diferente. Todas nuestras escalas son modos jónicos, pero comienzan en diferentes notas. «Hipo-» colocado delante del nombre de un modo significa el mismo modelo de tonos y semitonos, aunque cinco notas más alto. El modo hipoeólico, por ejemplo, tenía el mismo modelo de tonos y semitonos que el eólico (la a la), pero comienza en mi. Las notas son mi, fa ♯, sol, la, si ♭, do, re, mi.

Estos modos alterados dan origen a la necesidad de las notas fa ♯ y si ♭ y, por lo tanto, también los signos para sostenido y bemol.

Signos y abreviaturas

El comienzo de la ópera y la impresión de música en Italia en el siglo XVI, y la principal importancia de este país en esa época, nos ha dejado mucha terminología en italiano que todavía usamos para describir la velocidad, y otras maneras de tocar nuestra música. La música escrita en los últimos doscientos años ha usado cada vez más la lengua del país de origen del compositor para dar estas instrucciones.

Los puntos colocados inmediatamente antes o después de una doble barra de compás indican repeticiones.

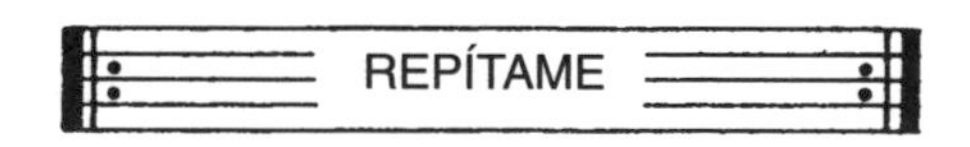

Algunos compositores escriben los números 1 y 2 encerrados dentro de líneas encima de los pentagramas al final de una sección de movimiento.

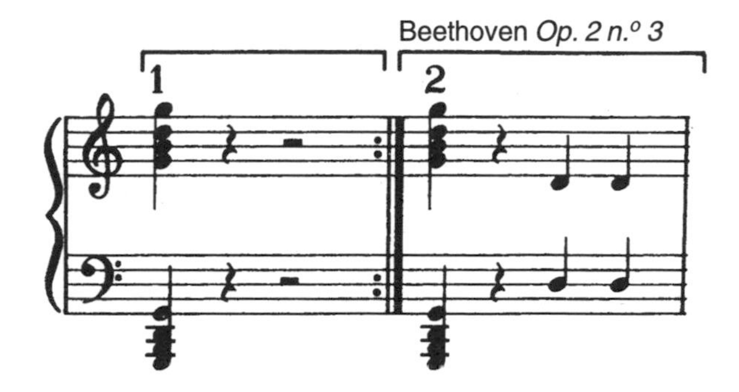

El 1 indica que, en la primera interpretación, el compás debe tocarse. En la repetición, el compás marcado 1 se omite y el compás 2 lo sustituye. Como verá en los ejemplos dados, lleva la música a la sección siguiente.

∧ > acentos

Si queremos mostrar un acento en la música, no escribimos letras, usamos estos signos encima de las notas que han de acentuarse.

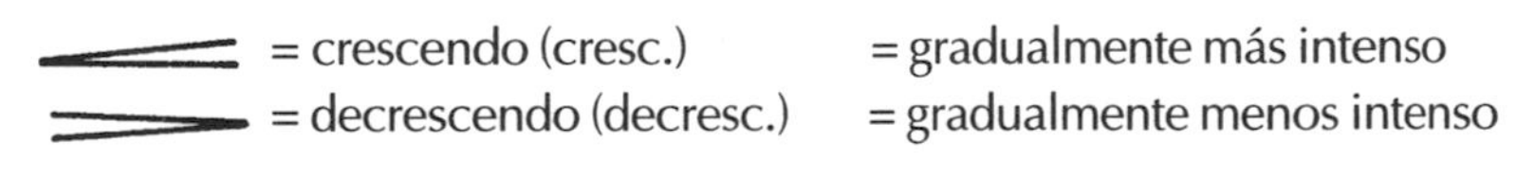

= crescendo (cresc.) = gradualmente más intenso
= decrescendo (decresc.) = gradualmente menos intenso

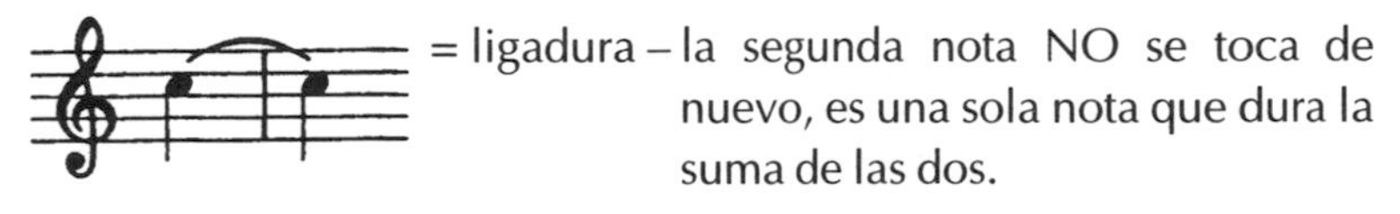

= ligadura – la segunda nota NO se toca de nuevo, es una sola nota que dura la suma de las dos.

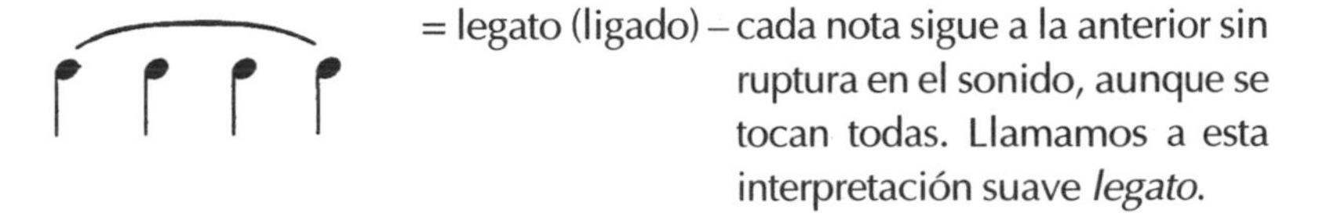

= legato (ligado) – cada nota sigue a la anterior sin ruptura en el sonido, aunque se tocan todas. Llamamos a esta interpretación suave *legato*.

Staccato – corto y separado. Se indica por medio de puntillos encima, o debajo, de la cabeza de la nota. Acorta la mitad la nota.

Algunas veces el staccato es demasiado corto para indicar las intenciones de un compositor, en cuyo caso, usa los puntos de staccato, pero cubre las notas con una ligadura de legato. Éste se llama *mezzo,* o medio, staccato. Acorta un cuarto la nota.

Staccatissimo – más corto que el staccato y se muestra mediante una pequeña forma triangular o una línea vertical encima o debajo de la(s) nota(s). Acorta en tres cuartos el valor de la nota.

Cuando un compositor quiere hacer un mezzostaccato de una sola nota escribe una línea horizontal encima, o debajo, del punto de staccato.

𝄐 o 𝄑 Calderón (italiano = fermata) – se usa cuando una nota, o grupo de notas, debe ser sostenida más allá de su duración normal, como si se parara el tiempo. El signo se escribe de manera que el punto esté más cerca de la cabeza de la nota.

Algunas veces este signo no se escribe encima ni debajo de las notas, sino al final de una pieza o de una sección.

Esto a menudo significa que el intérprete deberá esperar unos pocos segundos antes de comenzar la siguiente sección o repetir. En la música de piano algunas veces significa decir al pianista que mantenga sus manos encima de las teclas durante unos segundos al final de la música para no alterar, al moverse con demasiada rapidez, el efecto que ha creado mediante su interpretación.

8– – – – – – –┐ o *8.ª*– – – – – –┐ = encima de las notas significa tocarla una octava más alta que lo escrito. También puede aparecer con una línea sólida.

8– – – – – – – –┘ o *8.ª* – – – – – –┘ = debajo de las not.as, toque una octava más baja que lo escrito la línea vertical indica cuándo detenerse.

𝄎 o // = repita el compás anterior.

/ = a menudo usado para indicar repetición de las notas previas en el mismo compás.

se toca

m.d. (francés: main droite) = mano derecha

m.g. (francés: main gauche) = mano izquierda

2	Dosillo	3	Tresillo
4	Cuatrillo	5	Cinquillo
6	Seisillo	7	Septillo

pp	= pianissimo	= muy suave
p	= piano	= suave
mp	= mezzopiano	= bastante suave, moderadamente suave
mf	= mezzoforte	= bastante fuerte, moderadamente fuerte
f	= forte	= fuerte
ff	= fortissimo	= muy fuerte
∧ o >	= un acento	= un énfasis repentino en el tono en esa nota o acorde
fz	= forzando	= un repentino forzado del sonido
sfz	= sforzando	= un repentino forzado del tono
accel.	= accelerando	= cada vez más rápido
cresc.	= crescendo	= cada vez más intenso
dim.	= diminuendo	= cada vez menos intenso
Ped.	= pedal	= use el pedal derecho (de sostenido) del piano. Apretar y soltar a menudo se marcan mediante líneas; así: └──────┘ o Ped.........*
rall.	= rallentando	= haciéndose gradualmente más lento
rit.	= ritardando	= haciéndose gradualmente más lento
D.C.	= da capo	= repetir desde el comienzo

Fine		= final. Da capo al fine: repetir desde el comienzo hasta la palabra *fine*.
segno	= signo	= por lo general como un signo 𝄋 y usado con las palabras dal (que significa «desde») o al (que significa «al»): de modo que la dirección es desde, o al, signo.

arpegio – éste se muestra por lo general mediante una línea ondulada impresa verticalmente delante de las notas a ser tocadas como un arpegio. El efecto es que, al comenzar en el ritmo, se toca cada nota desde la más grave hasta la más aguda, una después de la otra. Aquí hay un ejemplo de su uso:

Algunas veces el compositor no usará una línea ondulada para indicar su deseo de un arpegio, sino que escribirá diminutas notas delante del acorde. Esto se trata exactamente como se describió antes, tanto al tocarlo como, si es necesario, al escribir el arpegio por extenso.

tocado...

trémolo – en un instrumento de cuerda tocado con un arco hace referencia a la técnica de repeticiones rápidas de la misma nota mediante un movimiento hacia arriba y hacia abajo con el arco. En instrumentos de teclado, como el piano, el trémolo se hace mediante alteración rápida entre dos notas. Las dos notas que se van a tocar tienen escrito cada una el valor completo del compás. Entre las notas hay escritas vírgulas que equivalen en valor a la cantidad de repeticiones que se pretenden.

Aquí, las dos notas que se van a tocar –la y re– tienen cada una el valor completo del compás, cada una una blanca. Entre las notas hay escritas vírgulas de semicorcheas que muestran la cantidad de repeticiones que se pretenden, valoradas de acuerdo con el compás, que es dos tiempos de negra. Hay ocho semicorcheas en un compás de $\frac{2}{4}$, de modo que en el ejemplo anterior debe haber ocho notas para ser alternadas. Deben mostrarse en grupos de negras porque la indicación de compás tiene como unidad de tiempo una negra.

También se puede escribir una abreviatura para mostrar las repeticiones de notas solas del mismo registro. Esto se hace escribiendo una nota equivalente al valor de las repeticiones deseadas y mostrando el valor de las repeticiones mediante vírgulas, como a continuación.

Cambio enarmónico – un cambio sólo en el nombre. Por ejemplo, si puede llamarse do ♭, o puede llamarse la 𝄪, pero estos nombres son sólo cambios enarmónicos de nombre. El sonido sigue siendo el de la nota si.

Los cambios enarmónicos de do son si ♯ y re 𝄫.

Los cambios enarmónicos de re son do 𝄪 y mi 𝄫;

y así con cualquier nota de la escala.

Este recurso es útil para los compositores cuando desean modular de una tonalidad a otra. Pueden incidir en una nota, cambiando el nombre de esa nota al equivalente en la nueva tonalidad. Véase cómo mi ♭ se convierte en un re ♯.

Términos musicales

Los siguientes términos deberían ser comprendidos y memorizados:

adagietto	= bastante lentamente
adagio	= lento
ad libitum	= a gusto del intérprete
affrettando	= apretando, apresurando la velocidad
allargando	= más lento y más extenso
allegramente	= rápidamente, alegremente
allegretto	= bastante rápido, pero no tanto como el allegro
allegro	= rápido
andante	= paso de andar. Indica un paso pausado.
andantino	= a paso moderado, más rápido que el andante
a piacere	= a gusto del intérprete
a tempo	= volver al tempo original (por lo general después de alguna alteración del tempo para indicar un regreso al tempo original o normal)
ben	= bien
bis	= dos veces. En ocasiones cuando sólo uno o dos compases se repiten, una repetición de ellos se indica así.

calando = menos intenso y más lento
calcando = apresurando el tiempo
cantabile = a manera de canto
celere = rápido, ágil
con = con, por lo general parte de una dirección:
- con anima = con alma
- con fuocco = con fuego
- con tenerezza = con ternura

diluendo = desvaneciéndose
dolce = dulce
doppio tempo = dos veces tan rápido como el movimiento precedente
doppio movimento = dos veces tan rápido como el movimiento precedente
giusto = exacto, preciso (tempo giusto = en tiempo preciso)
grave = solemne y lento
incalzando = más rápido y con más intensidad
largamente = amplia, imponentemente
larghetto = bastante ampliamente
largo = ampliamente
larghissmo = muy amplio
lentamente = bastante lentamente
l'istesso tempo = la misma velocidad que el movimiento precedente
mancando = delibitándose o disminuyendo en el tono
meno = menos, por lo general parte de una dirección:
- meno allegro = menos rápido
- meno mosso = menos movimiento
- meno forte = menos intensamente

metronome = instrumento mecánico que en 1816

inventó Johann Nepomuk Maelzel con el fin de ayudar a mantener el tiempo exacto.

moderato = moderadamente rápido
morendo = muriendo
perdendosi = perdiéndose, muriéndose
pesante = pesadamente, con énfasis
più = más, por lo general parte de una dirección:

più lento = más lento
più piano = más suave
più mosso = más movimiento

poco a poco = poco a poco
presto = muy rápido
prestissimo = tan rápido como sea posible
prestissamente = tan rápido como sea posible
raddolcendo = gradualmente más suave
rinforzando = haciendo más fuerte el sonido
ritenuto = retenido
scemando = disminuyendo en fuerza
senza = sin
senza sordini = sin sordina (música de cuerda o metal)
slargando = ampliando
slentando = gradualmente más lento
smorzando = desvaneciendo el sonido
stretto = apretando, apresurando la velocidad
stringendo = gradualmente más rápido, apresurando la velocidad
tempo ordinario = tiempo corriente
tempo commodo = a una velocidad conveniente
tempo giusto = en el tiempo preciso o exacto
tempo primo = misma velocidad que en el primero
tosto = deprisa, rápidamente

troppo	= demasiado
veloce	= rápidamente
vivace	= animado
vivacemente	= bastante animado
vivacissimo	= extremadamente animado

Nombres extranjeros de las notas

Los compositores ponen en los títulos de sus piezas, la tonalidad de la música (por ejemplo: *Toccata, Adagio und Fuge in C dur BWV 564* de Bach; - Bach empleaba la nomenclatura italiana, hoy se dice *«Toccata, adaggio y fuga en Do mayor BWW 564»).* Por supuesto, ellos escriben en su propia lengua.

Estaría bien aprender lo siguiente. Observe que los alemanes llaman al si ♭: B, y al si natural : H. Este hecho permitió a los compositores usar como tema para algunas obras las notas si ♭, la, do, si, las letras alemanas que forman BACH.

Español	*Alemán*	*Italiano*
la ♭	As	la bemolle
la	A	la
la ♯	Ais	la diesis
si ♭	B	si bemolle
si	H	si
si ♯	His	si diesis
do ♭	Ces	do bemolle
do	C	do
do ♯	Cis	do diesis
re ♭	Des	re bemolle
re	D	re
re ♯	Dis	re diesis
mi ♭	Es	mi bemolle
mi	E	mi
mi ♯	Eis	mi diesis

Español	*Alemán*	*Italiano*
fa♭	Fes	fa bemolle
fa	F	fa
fa♯	Fis	fa diesis
sol♭	Ges	sol bemolle
sol	G	sol
sol♯	Gis	sol diesis

En francés es lo mismo que en italiano, excepto que do es ut, bemolle se escribe *bémol* y diesis se escribe *diese.*

Las palabras mayor y menor en las diferentes lenguas deberían conocerse. Son:

Español	*Alemán*	*Italiano*	*Francés*
mayor	Dur	maggiore	majeur
menor	Moll	minore	mineur

Aquí hay algunas palabras italianas más que usamos para indicar el modo de tocar música. Mucha música ha sido escrita por compositores alemanes, que han utilizado su propia lengua para dar estas indicaciones. Por lo tanto, hemos dado el equivalente alemán de cada palabra.

Italiano	*Español*	*Alemán*
affeto	afecto	gemütvoll
affettuoso	afectuoso	gemütvoll
agitato	agitado	aufgeregt
allegretto	bastante rápido	ziemlich lebhaft
amabile	amable	liebenswürdig
amoroso	amoroso, tierno	lieblich
animato	animado	belebt
appassionato	apasionado	leidenschaftlich
arpeggio	como de arpa	arpeggio
assai	mucho	sehr

Italiano	*Español*	*Alemán*
attacca	atáquese inmediatamente	weitergehen
brillante	brillante	glänzend
brio (con)	con brío	lebhaftigkeit (mit)
calmato	tranquilo	beruhigt
capriccio	capricho	laune
coda	cola (la parte final)	schluss
con	con	mit
corda, una	una cuerda (use el pedal izquierdo del piano)	mit einer saite
deciso	deciso	entschieden
delicato	delicado	fein, zart
distinto	distinto	deutlich
dolore (con)	con dolor	schmerzlich
doloroso	doloroso	schmerzlich
doppio	doble	doppelt
energico	enérgico	energisch
eroica	heroica	heldenhaft
espressione (con)	con expresión	mit ausdruck
espressivo	expresivo	mit ausdruck
feroce	feroz	wild
fine	final	Ende
forza (con)	con fuerza	stark, laut
funebre	fúnebre, triste	trauernd
furioso	furioso	wütend
giocoso	jocoso, humorístico	speilend, scherzend
grandioso	grandioso	grossartig
impetuoso	impetuoso	wild
incalzando	más rápido y con más intensidad	jagend

Italiano	*Español*	*Alemán*
innocente	inocente	unschuldig
legatissimo	muy suavemente	sehr gebunden
legato	suavemente	gebunden
leggiero	ligero	leicht
lento	lento	langsam
loco	registro original	am platze
lusingando	mimando	einschmeichelnd
ma	pero	aber
maestoso	majestuoso	majestätisch
marcato	marcado	betont
marcia	marcha	marsch
martellato	martilleada	gehämmert
marziale	marcial, belicoso	kriegerisch
mesto	triste	traurig
mezzo	medio	halb
misterioso	misterioso	geheimnisvoll
non	no	nicht
Ongarese	húngaro	Ungarisch
ossia	o	oder
ottave	octava	oktave
parlando	hablando	sprechend
passione	pasión	leidenschaft
piacevole	placentero	anmutig
quasi	como si	gleichwie
risoluto	resuelto, enérgico	entschlossen
risvegliato	muy animado	frisch
semplice	sencillo	einfach
sempre	siempre	immer
sopra	arriba, encima	oben, uber
sotto	bajo, debajo	unten
strepitoso	bullicioso	lärmend
subito	repentinamente	plötzlich
teneramente	tiernamente	zart

Italiano	*Español*	*Alemán*
tenerezza	ternura	zart
tenuto	mantenido	ausgehalten
tranquilo	tranquilo	ruhig
tre	tres	drei
trionfante	triunfante	triumphierend
troppo	demasiado	zu viel
un (uno, una)	uno	ein
vigoroso	vigoroso	energisch
voce	voz	stimme

«Una corda» es una indicación dada a un pianista para que use el pedal izquierdo. En un piano de cola éste mueve el teclado de manera que los martillos no golpean todas las cuerdas. Hoy en día se golpean dos cuerdas en lugar de tres (tre corde). Originalmente solía golpearse una cuerda (una corda). El efecto es hacer el sonido más suave. Esto se logra en un piano vertical alterando la distancia que el martillo recorre.

Los compositores franceses han usado indicaciones en su propia lengua. La siguiente puede ser una lista útil para conocerlas.

animé	animado
au mouvement	en tiempo
calme	tranquilo
cédez	ceder (ritenuto)
doucement	dulcemente
doux	dulce
en aimant	de manera animada
en dehors	prominente
en retenant	retenido
et	y
expressif	expresivo

folatre	alegremente
jusqu'à la fin	hasta el final
léger	ligero
lentement	lento
lointain	distante
lourdement	pesadamente
modéré	moderado
moins	menos
mouvement	tempo, movimiento
murmuré	murmurado
peu à peu	poco a poco
plus	más
retenu	retenido
sans rigueur	sin rigidez
souple	suave, flexible
très	muy
triste	triste
vif	animado
vite	rápido

Preguntas

1. (a) ¿Qué nombre usamos para describir los otros modelos de tonos y semitonos, aparte de las escalas mayor y menor?
   (b) Haga una lista de estos modelos y descríbalos.
2. (a) ¿Con qué otro nombre podemos describir la escala mayor?
   (b) ¿Qué significa el prefijo «hipo-»?
   (c) Escriba, comenzando cada una en una nota apropiada, los siguientes modelos:
   (i) TST, TTST
   (ii) TST, TSTT
   (iii) TTS, TTST
   y nombre cada modelo.

3. ¿Cuál es la diferencia entre una ligadura y un ligado?
4. (a) ¿Qué significa staccato?
   (b) ¿Qué significa legato?
   (c) ¿Qué significa mezzostaccato?
   (d) ¿Qué significa staccatissimo?
   (e) Escriba éstos como deberían sonar:

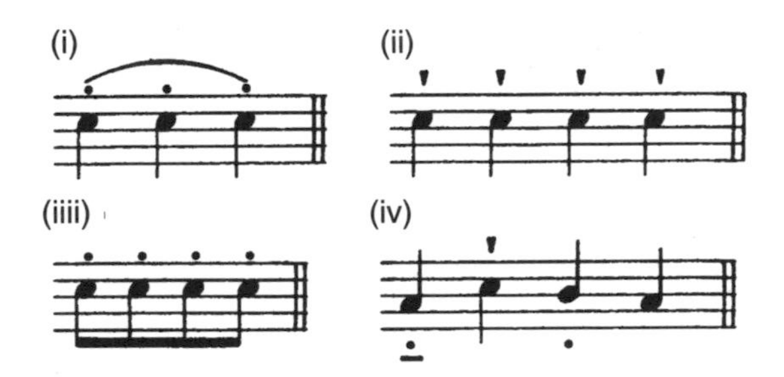

5. (a) ¿Cómo llamamos a este signo: 𝄐?
   (b) ¿Cuál es la palabra italiana para este signo?
   (c) ¿Dónde y por qué se usaría?
6. (a) ¿Qué hacen los puntos inmediatamente antes o después de una doble barra de compás? Escriba un ejemplo.
   (b) ¿Por qué a menudo se repite la parte del principio de una composición?
7. ¿Cómo muestran los compositores algunas veces una variación en el compás o los compases finales de una sección o movimiento?
8. Escriba las siguientes abreviaturas por extenso:

9. (a) Dé la palabra italiana para:

poco a poco
más lento y más extenso
demasiado
exacto
tranquilo
sin
muy fuerte
pesadamente
dulce

(b) Dé la palabra española para:

adagio
meno
grave
cantabile
da capo al fine
perdendosi
incalzando
segno
8- - - - - - ┐

(c) Dé la palabra italiana por extenso y el significado de:

ff
dim.
bis.
sfz
mp
decresc.
<
rit.
accel.

10. (a) ¿Qué es un arpegio?
(b) En una escala de sol escriba las notas negras do, mi, sol, do como un arpegio y luego, después de una doble barra de compás, escriba el arpegio por extenso.
(c) Escriba lo siguiente por extenso:

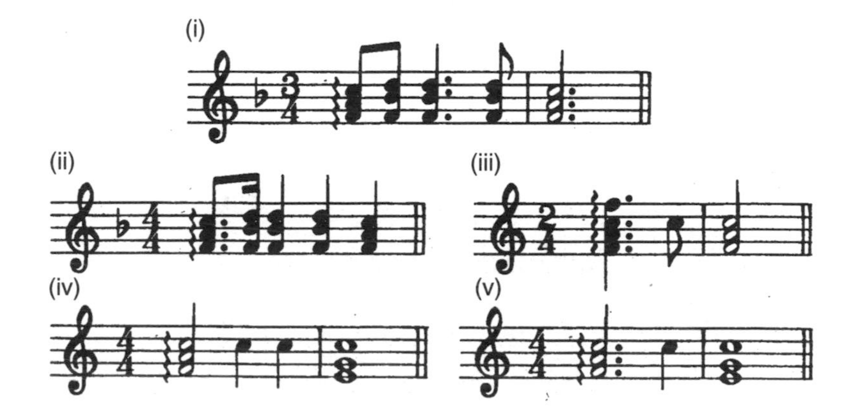

11. (a) ¿Qué es un trémolo?
    (b) ¿Cómo se toca un trémolo en un instrumento como el violín?
    (c) ¿Cómo se toca un trémolo en un instrumento como el piano?
    (d) Escriba las siguientes abreviaturas en extenso:

(e) Abrevie lo siguiente:

12. (a) Escriba lo siguiente por extenso:

(i) (ii)

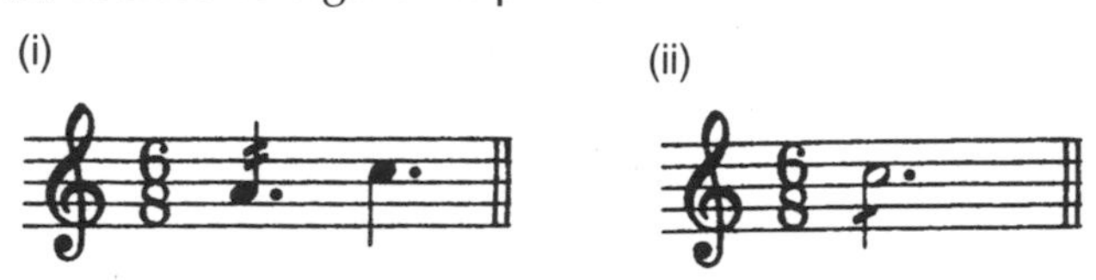

(b) Abrevie lo siguiente:

(i)

(ii)

13. Dé los significados en español de lo siguiente:

adagietto	prestissimo	lentamente
raddolcendo	slargando	affrettando
smorzando	tempo commodo	doppio movimento
tosto	scemando	veloce
celere	a piacere	mancando
metronome		

14. Complete lo siguiente:

Español	*Francés*	*Alemán*	*Italiano*
			La bemolle
sol ♯			
	ut bémol		
		A	

Español	*Francés*	*Alemán*	*Italiano*
			re deisis
	la		
re ♭			
		His	
la ♯			
			mi bemolle
	si		
si ♭			
		Eis	
			re

15. Complete lo siguiente:

Español	*Francés*	*Alemán*	*Italiano*
		Dur	
	mineur		

16. Complete lo siguiente:

Francés	*Alemán*	*Italiano*
	gemütvoll	
bastante rápido		

Francés	*Alemán*	*Italiano*
	liebenswürdig	
amoroso, tierno		
		animato
	leidenschaftlich	
		assai
	weitergehen	
brillante		
		con
	deutlich	
final		
	gebunden	
		leggiero
lento		
	traurig	
		mezzo
hablando		
		semplice
como si		

Francés	*Alemán*	*Italiano*
	immer	
bajo		
		sopra
	plötzlich	
mantenido		
	drei	
		troppo
uno		
	stimme	

17. (a) ¿Qué sucede cuando pisamos el pedal izquierdo de un piano de cola?
    (b) ¿Cuál es el significado original de una «corda»?
18. Dé las palabras francesas para:

hasta el final	muy	animado
poco a poco	retenido	dulcemente
rápido	moderado	ligero
prominente	lento	pesadamente
triste		

índice

Títulos de la colección Taller de música:

CÓMO PREPARAR CON ÉXITO UN CONCIERTO O AUDICIÓN

Rafael García

¿Cuál es la diferencia entre un buen concierto y una actuación rutinaria? La elección de un repertorio adecuado es importante, por supuesto, pero no lo es menos saber traspasar la información de una partitura al espectador.

El libro de Rafael García nos habla sobre el estudio efectivo y sobre la manera adecuada de preparar una actuación musical. Y lo hace no únicamente desde el aspecto técnico sino que también lo realiza desde la perspectiva de la preparación mental, cuestiones ambas fundamentales para alcanzar un gran rendimiento sobre el escenario.

CÓMO DESARROLLAR EL OÍDO MUSICAL

Joan M. Martí

El entrenamiento auditivo nos permite reconocer y distinguir un sonido, un patrón rítmico, un timbre sonoro. Pero también nos facilita entender y por tanto disfrutar más una determinada música. El libro que el lector tiene entre las manos no es una mera exposición de audiciones sino que contiene tablas de audiciones y ejercicios que le confieren un carácter muy práctico. Todo ello pensado para que el lector pueda observar, pensar, relacionar y, sobre todo, ejercitar su oído musical.

- Cómo reconocer diferentes texturas musicales.
- Distinguir entre monodia, homofonía, contrapunto, canon y melodía acompañada.

APRENDIZAJE MUSICAL PARA NIÑOS

Joan M. Martí

Este es un libro que complementa el anterior del mismo autor *Cómo potenciar la inteligencia de los niños con la música*, que se ha convertido en poco tiempo en un referente ineludible a la hora de hablar de aprendizaje musical. Este nuevo trabajo del musicólogo Joan Maria Martí muestra las características esenciales de los principales métodos de enseñanza de la música mostrando las ventajas pedagógicas de cada uno de ellos.

¿En qué consiste el trabajo de Kodály? ¿Qué aporta el método Martenot a la educación y desarrollo de los jóvenes? ¿Dónde puedo informarme del método Ireneu Segarra? ¿Cuáles son las ideas de Edgar Willems? ¿Qué beneficios aporta el Jaques-Dalcroze? ¿Qué es la Educación del Talento de Shinichi Suzuki?

GUÍA PRÁCTICA PARA CANTAR

Isabel Villagar

Cantar de una manera sana requiere un entrenamiento muscular igual que cualquier actividad que requiera una coordinación motora, como patinar, conducir, ir en bicicleta, etc. Cualquier persona puede adquirir un conocimiento consciente del funcionamiento de su voz que le permita desarrollar todo su potencial artístico. En esta guía, Isabel Villagar explica con numerosos ejemplos las posibilidades de la voz y cómo desarrollarlas de una manera adecuada.

- Las cualidades del sonido y del aparato fonador.
- ¿Cómo se puede ejercitar y desarrollar la voz?
- La articulación en la voz cantada.
- Rango vocal y tesitura.

GUÍA PRÁCTICA PARA CANTAR EN UN CORO

Isabel Villagar

Cantar en coro es una de las actividades más placenteras y enriquecedoras que existen. Todo el mundo puede cantar porque está en nuestra naturaleza, sin embargo, la formación de un cantante no se da de modo espontáneo, sino que debe entenderse como la adquisición de una habilidad psicomotriz. El esquema corporal vocal lo constituyen experiencias significativas, organizadas y sistematizadas tanto mental como corporalmente y para ello se diseñan los ejercicios vocales y las propuestas metodológicas con el fin de que se apliquen a un grupo de cantantes.

CÓMO GANARSE LA VIDA CON LA MÚSICA

David Little

El negocio de la música ha conocido una transformación radical en el último cuarto de siglo. La expansión de Internet, la implantación de potentes ordenadores, el desarrollo de la tecnología portátil son el paradigma de una nueva y apasionante era en la que la promoción musical se rige por derroteros muy diferentes a los de antaño. ¿Hasta dónde llega esta fascinante metamorfosis?

El autor de este libro, músico y periodista, nos descubre cuáles son las principales vías de ingresos de un músico y la mejor manera de que estos profesionales puedan dar a conocer su trabajo. Nos habla de la importancia del artista y el público objetivo al que se dirige, cómo debe contar su propia historia y conseguir que los contenidos sean virales.

MEJORE SU TÉCNICA DE PIANO

John Meffen

En este libro, John Meffen consigue conjugar la teoría y la técnica de piano para asentar la calidad de la ejecución y hacer progresos notables. Su enfoque hace hincapié en el control muscular y su relación con el funcionamiento del cerebro. El autor ofrece consejos indispensables para adquirir un piano nuevo, para dominar las distintas técnicas de pedal, para prevenir y corregir errores, para desarrollar la digitación adecuada a cada manera de ejecutar, etc. También se analizan los diversos ataques y su uso (con ejercicios que le permitirán dominarlos), la acentuación, el fraseo y las estructuras musicales, y se exponen los pasos que es aconsejable seguir para aprender una obra nueva.

TÉCNICAS MAESTRAS DE PIANO

Stewart Gordon

El gran pianista y profesor Stewart Gordon ofrece un ágil y profundo conjunto de reflexiones sobre el arte de enseñar y aprender piano. El libro no se centra sólo en la ejecución, sino también en la vertiente de expresión y valor creativo y artístico. Así, aborda cuestiones técnicas como la postura, los pedales y su uso, el papel de los estudios de agilidad, etc., pero también aspectos que entran más de lleno en la dimensión artística de la ejecución pianística. Ésta es una guía y una lectura de gran valor tanto para profesores como para alumnos de piano, pero también para los estudiantes de música en general, ya que sus planteamientos se hacen a menudo extensivos al hecho musical en sentido amplio.

EL LENGUAJE MUSICAL

Josep Jofré i Fradera

El lenguaje musical se ha ido forjando a partir del uso y de las necesidades de los compositores para plasmar visualmente sus ideas sonoras. En esta obra, Josep Jofré combina la perspectiva histórica de esos elementos con una exposición detallada y clara de los fundamentos de la notación musical moderna. Este enfoque híbrido proporciona un conocimiento comprensivo y sistemático del funcionamiento de los elementos ortográficos del lenguaje musical, así como una pauta de aprendizaje progresivo de gran utilidad tanto para el estudiante de música como para el aficionado y el melómano. Asimismo, los profesores de música encontrarán en este libro una valiosa guía docente y una fuente inestimable de sugerencias que convertirán el aprendizaje musical en un reto más atractivo y estimulante.

En la misma colección Ma Non Troppo / Taller de:

Taller de música:

Cómo potenciar la inteligencia de los niños con la música - *Joan Maria Martí*

Ser músico y disfrutar de la vida - *Joan Maria Martí*

Aprendizaje musical para niños - *Joan Maria Martí*

Cómo desarrollar el oído musical - *Joan Maria Martí*

Cómo preparar con éxito un concierto o audición - *Rafael García*

Técnica Alexander para músicos - *Rafael García*

Entrenamiento mental para músicos - *Rafael García*

Musicoterapia - *Gabriel Pereyra*

Cómo vivir sin dolor si eres músico - *Ana Velázquez*

El lenguaje musical - *Josep Jofré i Fradera*

Mejore su técnica de piano - *John Meffen*

Guía práctica para cantar - *Isabel Villagar*

Guía práctica para cantar en un coro - *Isabel Villagar*

Técnicas maestras de piano - *Stewart Gordon*

Cómo ganarse la vida con la música - *David Little*

Home studio: Cómo grabar tu propia música y vídeos - *David Little*

Aprende a improvisar al piano - *Agustín Manuel Martínez*

Taller de teatro:

El miedo escénico - *Anna Cester*

La expresión corporal - *Jacques Choque*

Cómo montar un espectáculo teatral - *Miguel Casamayor y Mercè Sarrias*

Manual del actor - *Andrés Vicente*

Guía práctica de ilusionismo - *Hausson*

El arte de los monólogos cómicos - *Gabriel Córdoba*

La práctica de los monólogos cómicos - *Gabriel Córdoba*

Taller de escritura:

El escritor sin fronteras - *Mariano José Vázquez Alonso*

La novela corta y el relato breve - *Mariano José Vázquez Alonso*

Cómo escribir el guión que necesitas - *Miguel Casamayor y Mercè Sarrias*

Taller de comunicación:

Periodismo en internet - *Gabriel Jaraba*

Youtuber - *Gabriel Jaraba*

¡Hazlo con tu smartphone! - *Gabriel Jaraba*